Matthias Matussek

Im magischen Dickicht des Regenwaldes

Reise durch den Amazonas

Matthias Matussek

*Im magischen
Dickicht
des Regenwaldes
  Reise durch
den Amazonas*

Picus Lesereisen

Picus Verlag Wien

Grafische Gestaltung: Dorothea Löcker, Wien
Umschlagabbildung: © Corbis
Druck und Verarbeitung:
Druckerei Remaprint, Wien
ISBN 3-85452-799-3

Informationen über das aktuelle Programm
des Picus Verlags und Veranstaltungen unter
www.picus.at

Inhalt

Vorwort

Der Amazonas ist nichts für Pauschaltouristen. Er kann faszinierend sein und öde, unbequem, geheimnisvoll, gefährlich. Er kann einen verrückt machen. Er ist die gewaltigste Flusslandschaft der Erde, umgeben von einem unendlichen Regenwald.

Ich habe das Amazonas-Gebiet auf Booten bereist, in einmotorigen Flugzeugen, auf dem Motorrad und auf dem Rücken eines Wasserbüffels. Ich habe Monate in ihm verbracht, in Luxushotels, in elenden Absteigen, in Palmenhütten. Und ich kann mit gutem Gewissen sagen: Je öfter ich den Amazonas bereist habe, desto weniger habe ich ihn verstanden.

In seinen Wassern schwimmen rosa Delfine und Fische, die anderthalb Meter lang werden. Hinter seinen Uferböschungen verbergen sich Indiostämme, die noch nie Kontakt mit der Zivilisation hatten. In einer Welt, die restlos aufgeklärt scheint, ist der Amazonas ein gigantisches Rätsel geblieben.

Magie geht von ihm aus. Dass Klaus Kinski wahnsinnig geworden ist, dass Regisseur Werner Herzog seinen Revolver gezogen hat, als die beiden hier »Aguirre« drehten, ist mir völlig verständlich.

Alle Begegnungen, die ich im Amazonasgebiet hatte, waren auf die eine oder andere Art bizarr. Eine der komischsten war sicher die mit Charlton Heston, der hierher kam, um in einer obskuren italienischen Produktion den in Brasilien untergetauchten KZ-Arzt Mengele zu spielen.

Ausgerechnet Heston, der Mann für biblische Figuren, für Sklavenbefreier, für Kriegshelden, die unbesiegbare, unbeugsame Hollywoodlegende!

Es war die Zeit, als die Vereinigten Staaten eine überwältigende internationale Koalition gegen das afghanische Taliban-Regime anführten und der Sieg zum Greifen nahe war. Gut und Böse waren so eindeutig. Die Taliban waren böse, die Lokalreporter waren gut, und Charlton Heston war Moses, mindestens, der Gott auf seiner Seite hatte. Er sprach über Kaffee und Krieg, gewichtig wie einer, der von Marmortafeln abliest.

»Ohne vernünftigen Kaffee kann man weder Filme machen noch Krieg führen«, sagte Charlton Heston an jenem Morgen im Tropical Inn in Manaus, nicht besonders gut gelaunt, während er in seinen Pappbecher starrte. Die Reporter zuckten zusammen. Und notierten voller Ehrfurcht in die Blöcke: Kaffee! Filme! Krieg!

Draußen schmolz der Asphalt unter einer erbarmungslosen Tropensonne, draußen war dieses unendliche grüne Meer aus Regenwaldriesen, doch hier drinnen, im Geviert des lauschigen Nobelhotels mit seinen Klimaanlagen und dicken Teppichen und Tigerattrappen, überragte Charlton Heston alles und jeden.

Irgendwie schien er es zu bedauern an diesem Morgen, dass er hier in Manaus unter brasilianischen Reportern sitzen musste, statt am anderen Ende der Welt mit der Truppe die Stellungen um Kabul zu überrennen.

Er war direkt vom Himmel herabgestiegen.

Von wo hätte er übrigens, das nur nebenbei, auch sonst kommen können? Manaus, die Stadt an der Gabelung zum Rio Negro im dunklen grünen Herzen des Urwaldes, ist auf dem Landweg praktisch nicht erreichbar. Es gibt eine Piste nach Norden, nach Venezuela, und ansonsten nur den Amazonas-Strom und seine Kutter. Wer nicht gerade Maniok transportiert und Monate Zeit hat, fliegt. Die Entfernungen sind einfach zu riesig.

Zurück zu Charlton Heston und seinem Kaffee. Noch immer hatte er diesen kantigen Schädel mit der Heldenstirn und die blauen Moses-Augen darunter, die direkt ins Gelobte Land schauten, und noch immer wusste man nicht, ob er lachte, wenn er lachte, oder nur das Gebiss bleckte, um einen Stahlnagel zu zerbeißen.

Natürlich fragten wir ihn nach dem Krieg in Afghanistan. »Die Guten werden gewinnen«, sagte er. Wieder zeigte er jede Menge makelloser Zähne, und wir Reporter schrieben mit: die Guten gewinnen, und es war irgendwie so, dass der Regenwald sich regelrecht geschmeichelt fühlen musste, dass ihn Held Heston zu seinem Hintergrund erwählt hatte.

Doch dann kam der Drehbeginn am nächsten Tag. Dann saß Charlton Heston auf einer rotlehmigen Piste im Dschungel auf seinem Klappstuhl und kämpfte mit der Hitze und den Moskitos, und da war der Regenwald eindeutig der Gewinner.

Heston litt. Die ganze Crew litt. Und der junge, blauäugige Thomas Kretschmann, der auf blonde Heldenrollen spezialisiert war, ging ebenfalls in die Knie. Er spielte Hestons Sohn. Heston musste, laut Drehbuch, am Fuße eines dieser Urwaldriesen stehen und hinaufdeuten und sagen: »Seit Millionen von Jahren dieser Kampf, nur die Stärksten schaffen es und wachsen ins Licht.«

Das war so was wie grüne Rassenlehre, ökologischer Darwinismus, ein markiger Satz. Heston, der Profi, presste ihn heraus und dann sank er auf seinen Klappstuhl und war fix und fertig und eifrige Geister hielten die doch irgendwie enttäuschten Reporter auf Distanz.

Der Amazonas lässt auch Helden im Nu auf Menschenmaß schrumpfen und Heston war plötzlich nichts als ein alter Mann, der nach Hause wollte. Irgendwie muss er meinen Blick gespürt haben, denn er schaute mich plötzlich an und seine blauen Augen leuchteten noch einmal auf, als er grinsend sagte: »Auch Ben Hur hätte hier seine Probleme.«

Von den Strapazen, den Abenteuern und den Wundern des Amazonas handelt dieses Buch. Wer sich ihm aussetzt und dabei in die Knie geht, sollte sich das nicht allzu sehr zu Herzen nehmen.

Denn: Auch Ben Hur hätte hier Probleme.

Der grüne Sieg

Eine Reise durch den Amazonas

> *»Das ist hier so üblich, falls Sie es noch
> nicht wissen sollten. Es ist der Urwald,
> der in uns hineinkriecht.«*
>
> LUIS SEPÚLVEDA,
> *Der Alte, der Liebesromane las*

Als Pizarros Leute, auf der Suche nach dem le-
gendären Eldorado, erschöpft und krank und
halluzinierend diesen unbekannten Fluss hinun-
tertrieben, sollen sie, schon nahe der Mündung,
auf ein beeindruckendes Beispiel ehelicher Ge-
walt gestoßen sein: auf eine brüllende Horde
von indianischen Amazonen, die ihre Männer
mit Stöcken in den Kampf gegen die weißen
Eindringlinge prügelten. Ein prägendes Erlebnis: Seither heißt die Welt hier »Amazonas« –
der Strom, der Kontinent der starken Frauen.
Knapp fünfhundert Jahre später ist El Dorado
immer noch nicht gefunden, und der Amazonas
ist eine grüne Fieberhölle geblieben. Und die
Männer? Natürlich immer noch Opfer, ganz besonders auf dem Schlachtfeld der Liebe.

Joãozinho, der melancholische Liebhaber und
Boxer, wartet mit den anderen Männern an der
Mole im alten Hafen von Belém. Es ist windstill.
Die Nacht ist wie ein Erstickungsanfall, und so
reden sie nur über Wesentliches. Über die Frau-

en. »Sie presst mich aus wie frischen Maniok«, seufzt Joãozinho, »aber ich liebe sie.«

Im Neonlicht der Hafenkneipe kleben ein paar späte Tänzer betrunken aneinander, zwischen den hölzernen Lippen des *Macumba*-Götzen Preto Velho an der Straßenecke glimmt eine Zigarette, und die Fischhändler halten ihre Messer gepackt, denn diese Stunde vor Tagesanbruch gehört nicht nur den Liebenden, sondern auch den *bandidos*, die Schutzgelder erpressen.

»Wir hatten gerade geheiratet, als ich herausfand, dass sie mich betrog.« Die Männer stöhnen mitfühlend. In seinem Schmerz, erzählt Joãozinho, hatte er sich einen 38er Revolver besorgt. Zustimmendes Gemurmel. »Selbst meine Mutter hat mir geraten, die Sache hinter mich zu bringen.« Also lauerte er seiner Frau auf, die sich mit ihrem Liebhaber zu einem Tanz am Fluss verabredet hatte.

»Ich hab's dann doch nicht fertig gebracht«, bekennt er, »und es war gut so.« Kurz darauf traf er auf *pagé* Itama, den indianischen Medizinmann. Der vermutete, dass im Haus lediglich ein böser Fluch verborgen sei, der seine Frau anderen Männern in die Arme treibe. Eine analytische Meisterleistung, denn tatsächlich grub Joãozinho bald nahe der Türschwelle ein vergammeltes Mayonnaiseglas aus. »Ich hab nicht mehr erkennen können, was da drin war, weil ich's mit dem Spaten kaputtgestoßen habe.«

Mittlerweile hat er ein halbes Dutzend Kinder mit seiner Frau und noch ein paar andere, von denen sie nichts weiß, und er hat seine Lehren aus all den Kämpfen gezogen. Eine davon lautet: »Bring nie deine Frau um, denn es könnte sein, dass du sie irgendwann wiederhaben willst.« Die Männer nicken gedankenverloren in die Nacht. João kennt sich aus, er weiß, wie die Dinge laufen.

»Natürlich muss das nicht sofort sein«, fährt er fort. Auch er hat sich erst durchs Alphabet geliebt, bis aufs Z, eine Kette von Niederlagen, denn daraus besteht die wahre Liebe auf dem Kontinent der starken Frauen, und die größte hieß Zula, die »eine Haut ohne Narben hatte …«, und plötzlich bricht er ab und alle heben sie gespannt die Köpfe.

Irgendwo ist da ein fernes Wimmern über dem schwarzen Wasser, ein sanftes Klatschen der Brühe an der Kaimauer. Dann ein Ruf. Die Träger stecken ihre Turbane fest. Papageienschreie. Und dann bricht eine Flotte kleiner Motorboote aus dem Dunkeln hervor.

Am Ver-o-Peso, dem alten Markt an der Amazonas-Mündung, beginnt der Tag wie eine gewaltige Geburt. Ladung um Ladung wird auf den Kai gewuchtet, was der Strom zwischen den üppigen grünen Schenkeln des Regenwaldes hervorpresst: Pyramiden von Paranüssen und Kakaofrüchten, schwarze Perlengebirge von Açaí-Beeren, Bastsiebe mit Garnelen, Säcke mit Maniok und Mangos, Rinderhälften, Kisten zuckender Fische. Joãozinho lässt die anderen Boote nicht aus den Augen, die weiter vom Ufer ihre

Anker geworfen haben, außerhalb der Lichtzelte am Kai, mit all der Nachtware im Bauch, die gebraucht wird im Kampf gegen die bösen Geister.

Auch das nämlich wird hier angeschwemmt: der Waldzauber des Amazonas, die Unvernunft – die Boa constrictor, die Kunden anzieht, wenn man sie unter die Ladenkasse legt; ein Zitteraal, der die Münzen vermehrt, die man ihm in den Bottich wirft; das Auge des Delfins, das Frauen gefügig macht. »Es muss das linke Auge sein«, sagt Joãozinho.

Seit Jahrhunderten ist es jeden Morgen das gleiche robuste Kreißen aus Tierblut, Schweiß und Dreck – die Entbindung der Riesenfrau Amazonas, die sich mit den Armen gegen die Anden stemmt und sich hier, sechstausendfünfhundert Kilometer stromabwärts, ins Meer ergießt.

Doch: Seit einigen Jahren gilt sie als krank und anämisch. Sie ist Gegenstand von Symposien in Fünfsternehotels. Seit einigen Jahren gibt es Heere von internationalen Kavalieren, die ihr den Puls fühlen und über die Unvernunft ihrer Kinder, über Joãozinho, den Kopf schütteln.

Sie haben aus dem Amazonas mittlerweile eine Art Weltpark gemacht, jedermanns Vorgarten, schwer überwacht von Satelliten und Radarsystemen. Die Welt schaut Joãozinho auf die Finger. Auf einem alternativen Amazonas-Kongress in Kalifornien tauchte die Parole auf: »Schützt den Wald, tötet einen Brasilianer.« Mittlerweile, schäumte der alte General Rubens Bayma Denys in einer Zeitungskolumne, tun die Ausländer so, als gehörte der Wald ihnen.

Er hat nicht ganz Unrecht, aber auch das Ausland hat gute Gründe: Der Amazonas enthält ein Fünftel des globalen Süßwasservorrats, und er ist, das vor allem, die größte Sauerstoffmaschine auf Erden und damit für die Wohlstandsjunkies im Westen unentbehrlich. Eine Welt-Klima-Maschine, die gewartet werden muss, und da stören Typen wie Joãozinho nur.

Die Pläne und das Wuchern

Brände als notwendige Erneuerungen des Dschungels

Der Regenwald ist der produktivste Mythenproduzent der Welt, und zu denen der Caboclos und der Indianer hat sich in den letzten Jahrzehnten ein neuer gesellt: dass es ihn bald nicht mehr gibt.

Bereits 1978 hatten Wissenschaftler des INPA-Instituts in Belém eine komplette Vernichtung des brasilianischen Dschungels zum Jahr 2003 prognostiziert. Die Regenwaldmörder müssten allerdings enorm zulegen – noch immer stehen siebenundachtzig Prozent der Bäume.

Tatsache ist, dass er, als eigener Staat, das siebtgrößte Land der Erde wäre. Man misst seine Katastrophengebiete nicht in Hektar, sondern in »Belgien«, wahrscheinlich weil »Deutschland« als Berechnungsgrundlage zu unzuverlässig ist, da es dauernd seine Größe ändert. In den schlimmsten Jahren ist jeweils ein Belgien verbrannt, 2000 nur noch die Hälfte. Das sind gerade einmal vier Promille des gigantischen Waldgebiets.

Dabei kommt es zu merkwürdigen Verzerrungen. Im gleichen Jahr fraß sich eine Feuerwalze durch die Nationalparks und Steppen des amerikanischen Westens und ließ ein verkohltes Gebiet von der Größe Belgiens zurück.

Das *Time*-Magazin reagierte in seiner Lateinamerika-Ausgabe eher ungewöhnlich, denn es brachte eine Titelgeschichte – über die verantwortungslosen Waldbrenner im Amazonas. Überraschend auch deshalb, weil hier doch ein dramatischer, vierzigprozentiger Rückgang der Feuer verzeichnet werden konnte. Da auch das *Time*-Magazin die »ermutigenden Zeichen« im Amazonas nicht ignorieren konnte, verlagerte es seinen Alarmruf in den Konjunktiv: Er könnte abbrennen, wenn der Boden austrocknet.

Für diese bahnbrechende Erkenntnis ließ der amerikanische Wissenschaftler Daniel Nepstadt ein beträchtliches Waldstück mit Plastikplanen abdecken. Und siehe: Was jeder Balkongärtner von seinem Geranienkasten weiß, bekam auch der Wissenschaftler nun im großen Maßstab serviert: Boden trocken, Pflanze stirbt, wird Zunder, kann brennen.

Interessant an diesem Versuch ist seine anale Symbolik: Ein amerikanischer Wissenschaftler verpackt ein Stück brasilianischen Urwald in luftdichte Folie wie ein Stück Seife und schützt ihn damit zu Tode. Rund siebenhunderttausend Dollar hat diese grüne Christo-Aktion gekostet.

»Das ist unter uns auch ziemlich kritisiert worden«, räumt Professor Thomas Hurtienne ein, der in Belém ein Amazonas-Projekt des Bundesforschungsministeriums betreut. Seine Freundin, Dr. Imme Scholz, spöttelt: »Die NASA schmeißt hier mit Riesenbudgets um sich, und sie liebt nun mal spektakuläre Aktionen.«

Das von Imme Scholz ist auch nicht ohne: Rund zwanzig Millionen Euro, mit denen sie im

Auftrag der Gesellschaft für Technische Zusammenarbeit (GTZ) grüne Kommunalverwaltungen im Bundesstaat Pará aufbaut. Die Gelder stammen aus einem G7-Projekt zum »Schutz der brasilianischen Tropenwälder«, das 1992 hauptsächlich auf Initiative von Helmut Kohl beschlossen wurde. Gesamtvolumen: zweihundertfünfundzwanzig Millionen Euro.

Fest steht, dass der Amazonas Umsatz macht, und zwar nicht mit seinen Paranüssen oder Kautschukballen, sondern als Patient erster Klasse. Allmählich kann jeder Setzling mit internationaler Patenschaft rechnen – eine gigantisch alimentierte Baumschule ist so entstanden, die grüne Hölle ist am runden Tisch domestiziert zu einem grünen SOS-Kinderdorf. Verwissenschaftlichung, Verniedlichung, das sind die Antworten des Westens auf das letzte gewaltige Rätsel der Erde – eine Conquista der Gremien.

Zunächst gab es die allerbesten Gründe für die Intervention. Die brasilianischen Militärs hatten dem Wald die Harke gezeigt in den sechziger und siebziger Jahren, mit jener nachholenden Eroberungswut, mit der die entwickelten Nationen ihre grünen Grenzen bereits im letzten Jahrhundert platt gemacht hatten. Ein uraltes, ein biblisches Doppelmandat: zerstören, um aufzubauen, einreißen, um neu zu errichten, treu nach Genesis 9,2: »Furcht und Schrecken vor euch sei über allen Tieren auf Erden …«

Doch: Der Amazonas wehrte sich, wie er es schon mit Generationen von Eroberern und Eindringlingen gemacht hatte. Die Trasse der Transamazônica, die von den Militärs mit großem Aufwand freigeschlagene Ost-West-Achse, wurde nach wenigen Jahren vom grünen Meer wieder verschlungen, viele der dort gestrandeten Siedler gingen elend zugrunde, und grandiose Plantagen-Pläne wie die des Industriellen Daniel Ludwig versandeten buchstäblich.

Der Amazonas wehrte sich vor allem durch seine Armut. Der dünne Boden ist bereits nach zwei Ernten als Anbaufläche ausgelaugt und gibt nach Brandrodungen kaum etwas her – und das hat sich mittlerweile herumgesprochen. Erfolge konnten die Militärs bei der Ausbeutung der Bodenschätze verbuchen, etwa in Carajás, im Süden des Bundesstaates Pará, wo die größte Grube der Welt entstand: Fünfzig Millionen Tonnen Eisen, zehn Tonnen Gold werden dort pro Jahr gefördert, dreihundertsechzigtausend Tonnen Aluminium produziert. Das bringt bitter benötigte zehntausend Arbeitsplätze und dreihundertfünfzig Millionen Euro Steuern für Pará, wo das Durchschnittseinkommen bei fünfhundert Euro jährlich liegt – ein winziger Bruchteil des deutschen.

Hässlich, die Grube, ganz sicher. Doch nicht hässlicher als die Kraterlandschaften Osteuropas. Eine Chomutov-Initiative ist allerdings bisher nicht bekannt. Sie wäre auch nicht besonders sexy und würde in Berlin oder San Francisco keine fünfzehn Leute auf die Straße trommeln, während gegen den »grünen Holocaust« im Amazonas schon Lichterketten gebildet wurden.

Dabei werden hier, anders als in den tschechischen oder russischen Katastrophengebieten, gigantische Wiederaufforstungen betrieben, der grüne Teppich wird über stillgelegten Gruben wieder glatt gezogen. Ja, der internationale Druck hat Wirkung gezeigt: Tatsächlich hat Brasilien in den letzten fünf Jahren eine dramatische Ökowende hingelegt.

Der unterentwickelte Gigant hatte 1996 sämtliche Entwaldungs- und Erschließungsanreize in der grünen Schatztruhe, die ein Drittel der Welttropenwälder umfasst, abgeschafft – und das in einem Land, in dem es immer noch neun Millionen Hungernde gibt. Riesengebiete wurden zu Reservaten erklärt. Weiterhin müssen auf jeder zugeteilten Neufläche achtzig Prozent des Waldes stehen bleiben.

Eine parlamentarische Initiative, die Quote auf fünfzig Prozent zu senken, löste einen Empörungssturm im Land aus, die Initiative war nach wenigen Tagen wieder vom Tisch. Der grüne Bewusstseinssieg ist total.

Ressourcenschutz ist zur nationalen Aufgabe geworden. Deshalb wurde die jüngste Studie des INPA-Instituts, die erneut eine apokalyptische Vernichtung des Waldes bis zu zweiundvierzig Prozent in den nächsten zwanzig Jahren prognostizierte, auch harsch kritisiert: Das amerikanische Wissenschaftlerteam habe die Verbesserungen des Umweltschutzes der letzten Jahre komplett ignoriert. Die Studie sei, so Staatssekretär José Paulo Silveira, »ökologische Science-Fiction«.

Heute ist die größte Behörde des Bundesstaates Pará das Umweltministerium und ihr einstiger Chefstratege, der in Erlangen promovierte Nelson Pinto, sitzt mittlerweile als Abgeordneter in Brasília. »Die Agrargrenze wandert nicht weiter«, sagt Pinto. »Wichtig ist nun, dass uns der nutzbare Teil ernährt.« Und der ist auch schon mehrere Belgien groß.

Auch in den meisten übrigen Amazonas-Bundesstaaten sitzen inzwischen Gouverneure oder Abgeordnete, die gelernt haben, dass es lukrativer ist, den Wald stehen zu lassen. Für die Bekehrten unter ihnen ist es Menschheitspflicht; für die Taktiker ist der Wald eine globale Geisel, für die die Weltbank und andere internationale Gremien Lösegelder in Form von »Projektförderungen« zahlen.

Dabei erspüren die Amazonas-Bewohner in der Regenwaldschwärmerei besonders der Amerikaner nicht zu Unrecht das neokoloniale Motiv. Innerhalb von nur zehn Jahren hatten diese im vergangenen Jahrhundert ihre Ostküstenwälder zu Kleinholz verarbeitet. Und nun brauchen sie den Amazonas als ausgelagerte Sauerstoffmaschine – ohne überhaupt daran zu denken, ihre eigenen Emissionswerte (und damit den Lebensstandard) zu senken.

Der Naturschutzgedanke insgesamt ist ja ein Kind des imperialistischen Zeitalters: Er verdankt sich der Panik des Großwildjägers, der zu Hause nichts mehr vor die Büchse bekommt. Erst als die Prärie leer geschossen war, kümmerte sich Teddy Roosevelt um den Yellowstone-Nationalpark, wo sich die verbliebenen Bisons wieder auf Abschussstärke vermehren konnten; Prinz Bernhard der Niederlande kehrte immer frustrierter von seinen Afrika-Jagdexpeditionen zurück, bis er 1961 den World Wildlife Fund gründete: die Natur als Gehege.

Besitzen, um zu schützen – das ist der jüngste Trend bei Scheckbuch-Grünen wie dem exzentrischen Modezaren Douglas Tompkins, der große Teile des chilenischen Urwalds aufgekauft hat. Atolle, Wälder, arktische Landschaften, alles geht weg.

Während die Greenpeace-Aktivisten also auf dem Amazonas Patrouille fahren, wird jeder Holzfäller zum Feind, jeder Bauer, der sein Waldstück brandrodet, zur verachtenswerten Figur, und jeder armselige *garimpeiro*, der nach Gold kratzt, zum moralischen Outlaw. Freunde des grünen Weltbürgers sind allenfalls halbnackte Indianer und schrullige Kautschukzapfer, die dem Wald gerade so viel entnehmen, dass sie nicht an Hunger sterben.

Nur logisch, dass die »Rainbow Warrior«, das Schlachtschiff der grünen Aktivisten, in Belém mit faulen Eiern beworfen wurde. Und logisch, dass Politiker in Amazonas bereits damit Wahlkampf machten, dass sie Sägeblätter verteilen ließen.

Eine rein symbolische Rebellionsgeste. Der intakte Waldbestand des Bundesstaates Amazonas heute: achtundneunzig Prozent.

Don Juan aus den Wäldern

Wiederbegegnung mit dem Caboclo Joãozinho

Das Ideal fürs grünvernarrte Ausland: der Amazonas als menschenleerer Park. Nächtliche Satellitenaufnahmen des grünen Kontinents allerdings zeigen eine ganze Milchstraße von Lichtpunkten – der Amazonas ist bevölkert von rund siebzehn Millionen Siedlern, und die meisten davon sind Caboclos wie Joãozinho, Mischungen aus Schwarzen, Weißen und Indianern, möglicherweise ohne »grünes Bewusstsein«, aber mit jeder Menge Verständnis für Wunder.

Sie wohnen in entfernten Dschungelsiedlungen und Dörfern am Fluss und ziehen zunehmend in Millionenstädte wie Belém, jene morbide Tropenmetropole mit ihren Docks und Barockkirchen, den verfallenden Villen und Bars, die in diesen Nächten vibriert, weil die jährliche Círio-Prozession ansteht – die größte und farbenprächtigste Marienprozession der Welt.

Schon seit Tagen strömen sie auf Kanus und Passagierdampfern in die Stadt, und am nächsten Morgen wird es wieder einmal so weit sein – dann wird die kleine, goldgekrönte Madonna am Markt vorbeigeführt, am Wagen ein Tau, Hunderte von Metern lang, und knapp zwei Millionen Glaubensverzückte werden sich schwitzend bemühen, es zu ergreifen, als sei die *corda* die Nabelschnur zum Heil.

Das ist der Amazonas für Joãozinho. Kein Ökodorf, sondern ein wilder, wuchernder Karneval der Seele, ein Glaubenssystem. Er hat es tatsächlich einmal geschafft, nach einer durchfeierten Nacht, die Kordel zu berühren, und dann ist er der heiligen Jungfrau auf Knien hinterhergerutscht bis in die Basilika. Was er ihr versprochen hat, weiß er nicht mehr, aber er weiß: »Wer nicht glaubt, ist verloren.«

Und das ist es, was er an diesen Ausländern nicht mag: Sie glauben nicht. Was wissen sie vom Wald, vom bösen Blick, von der Liebe, ja, der vor allem?

Joãozinho, der Caboclo. Eine breit geboxte Nase, mächtige Schultern und ein schüchternes Lächeln. Seine Mutter ist Indianerin, und die Vorfahren seines Vaters kamen als afrikanische Sklaven nach Belém. Er wuchs mit seinen acht Geschwistern in einem Dorf im Delta auf, schnitt Palmenherzen, sammelte Kautschuk und lernte die Liebe kennen. Die, sagt er, ist wie ein Schlangenbiss, von dem man möchte, dass er nie verheilt.

In den achtziger Jahren hätte er eine Menge Geld machen können mit diesen Kräutern auf dem Ver-o-Peso – die Europäer kauften alles, was nach Naturkraft aus dem Wald aussah, doch Joãozinho hat seine Zeit lieber auf dem Fluss verbracht.

»Du liegst mit einer Frau im Boot, und über

dir zieht ein Keil roter Störche zur Ilha Marajó, da verlierst du einfach den Verstand.« Heute ist er einundfünfzig, und er wird diese Erde so mittellos verlassen, wie er sie betreten hat. Aber, so sagt er: »Ich habe eine Menge Spaß gehabt.« Seine Frau ist nach erneuten Zerwürfnissen längst wieder zu ihm zurückgekehrt, dank eines weiteren Zaubers des indianischen Medizinmannes. Diesmal verlangte der *pagé* von Joãozinho zwei Flaschen Schnaps, die Bluse der Frau und ein Glas Honig. Den Honig strich der Indianer auf die Bluse, und den Schnaps trank er selbst.

»Vielleicht ist sie auch einfach nur alt geworden«, sagt Joãozinho. Warum auch immer – sie hat ihre Hängematte wieder neben seine gehängt, und er beschränkt sich auf wenige Affären, die er pflegt wie ein alternder Orchideenliebhaber seine nachtblühenden Helikonien.

Es tut sich nicht viel an diesem Vormittag – Joãozinho macht die Bude dicht. In einer Straßenküche am Bootsanleger kippt er eine Schale *tacapá*, diese Höllensuppe aus Maniok und gesalzenen Krabben, die die Schädeldecke fliegen lässt und den Schweiß in Bächen aus der Haut treibt. Und dann zeigt er seine Jagdreviere.

Überschattete schmale Wasserstraßen im Delta. Wilde Bananenstauden am Ufer halten ihre grünen Schilde in die Höhe wie Palastwachen, Bambusrohre zerlegen das Sonnenlicht in zarte Serailgitter, und jeder zweite Pfahlbau ist

27

eine sentimentale Erinnerung. Ein Bootstrip als Liebesroman: Frauen lächeln, als Joãozinho ihnen zuruft.

Da ist Teresa. Ihr hat er einen Papagei geschenkt, dem er die Nationalhymne beigebracht hatte. Der kann sie immer noch flöten, und Teresa ist alt geworden. »Männer sind dumm«, lacht sie. »Sie verausgaben sich zu sehr, deshalb leben sie nicht lang.« Dann schauen sie gedankenverloren Teresas Sohn zu, der mit einer handtellergroßen, haarigen Spinne spielt, und Joãozinho schüttelt den Kopf: nein, der ist nicht von ihm. Wahrscheinlich nicht. Aber was weiß man schon?

Abends macht er sich auf zur vierundachtzigjährigen Santa Celeste, der *Macumba*-Priesterin, die in ihrem Hinterhof eine Zeremonie zu Ehren des Caboclo-Heiligen São João aus den Wäldern abhält. Gegenüber jubeln Baptisten aus einer offenen Baracke ihre Kirchenlieder. In den offenen Betonrinnen schnüffeln Köter im Abwasser, und Santa Celeste segnet ihren Altar. Mädchen lassen koloniale weiße Reifröcke kreisen, die Alte dreht sich mit, und die Männer stampfen mit ihren Füßen den Rhythmus in die Erde, immer schneller, bis die Santa mit einem Schrei zusammenbricht.

Dann spricht sie mit dunkler, verstellter Stimme. Ihre Augen sind ins Weiße gedreht, denn nun ist sie São João. »Ich bin der Champion Brasiliens«, knurrt sie, »der König des Waldes, Don João, der heilige Juan.« Sie segnet die

Gläubigen und verspricht ihnen Erfolg und Glück.

Auch Joãozinho kniet nieder, doch er ist zerstreut. Die Geschäfte könnten besser laufen, sicher, aber das ist es nicht. Jedes Mal, am Vorabend von Círio, muss er an sie denken, die in dieser Nacht in seinen Armen lag – an Zula, den Schmerz seines Lebens. Damals hätte er Don Juans Beistand gebrauchen können.

Der Puff, in dem sie arbeitete, heißt Lapinha, eine offene Discothek unter Palmendächern, nur ein paar hundert Meter weiter die Straße hinunter. Sie ist immer noch Treffpunkt der schönsten Mädchen Beléms, und Joãozinho wird mit Küssen und Umarmungen begrüßt wie ein alter Freund. Er war hier mal Rausschmeißer.

»Zula«, sagt er, während er auf die Lichtreflexe der kreisenden Discokugel starrt, »war selbst gegen das Delfinauge immun.« Sie war eine Nubierin, und sie trieb es nur mit reichen Weißen.

»Ein ganzes Jahr lang habe ich sie belagert«, sagt Joãozinho.

»Ohne Erfolg.«

Dann kam der Tag, als er diesen Geldkoffer für seinen Boss durch die Stadt transportierte. Und weil er den Job gut erledigte, hatte er einen Wunsch frei. Er hätte sich eine Gehaltserhöhung aushandeln können, doch er wünschte sich Zula.

Als er ihr Zimmer betrat, stand sie am Fenster, nackt, eine Haut ohne Narben. »Sie war das

Schönste, was ich je gesehen habe«, sagt Joãozinho. »Ich war überwältigt, so sehr, dass es …«, er lächelt verlegen. »Nun ja, es hat nicht geklappt, zum ersten Mal in meinem Leben.«

Er begriff einige Sachen in dieser Nacht. Erstens, dass Liebe so groß sein kann, dass sie jede Eroberung unmöglich macht. Zweitens, dass den Weißen die Welt samt allen Zulas gehört, eben weil sie von der Liebe keine Ahnung haben. Und drittens, dass sich Zula, das Luder, von einem äußerst wirksamen Zauber schützen ließ, nur um ihn zu verhöhnen. Seitdem macht er einen Bogen um Nubierinnen.

Warum er nichts von diesem Natur-Viagra genommen hat, das sie in jeder zweiten Bude auf dem Ver-o-Peso verkaufen? »Bist du verrückt? Ich will mich doch nicht vergiften! Das ist nur für Touristen.«

Waldflucht

Geschichten von Eroberern

»Dieser Dschungel«, sagt ein Gringo in Peter Matthiesens Roman »At Play in the Fields of the Lord«, »wie hältst du das aus? – Bist du eigentlich verrückt geworden? Das ist die Gegend, wo Gott gefurzt hat.«

Er lässt sich nicht aushalten, nicht, wenn du nicht hineingeboren wurdest in diese Urwelt, in diesen ständig summenden grünen Brutofen mit seinen Myriaden von Moskitos, in den Regen, der in stundenlanger Eintönigkeit prasselt, in die braune Endlosigkeit des Flusses, der rosa Delfine und andere mutierte Meerestiere mit sich trägt.

Du musst gelernt haben, die Pflanzen und die Wolken mit den Augen Joãozinhos, des Caboclos, zu lesen und wie er das dunkle Grollen zu erkennen, mit dem sich die *pororoca* ankündigt, diese gigantische Flutwelle, die einmal im Jahr nach der Regenzeit vom Meer her den Fluss hinaufrast und Boote zerlegt und Pfahlbauten zertrümmert.

Du musst hier geboren sein, denn wer von außen kommt, hat diese Natur zum Gegner und ist verloren. Auf einem Bananendampfer sind die tausend Kilometer vor der Mündung im besten Falle mörderischer Stumpfsinn in ewig klammer Kleidung, und die Lebensgeschichten, die nachts in den Hängematten auf dem Zwischendeck ausgetauscht werden, erzählen vom Scheitern.

Da ist Nilton Dando, den sie noch heute Crocodile Dundee nennen, ein asketischer blonder Typ mit Buschmesser, der in einem früheren Leben Bankangestellter war und sich in den siebziger Jahren von den Versprechen der Militärs in den Dschungel locken ließ, frisch verheiratet und ausgerüstet mit nichts als einem Spaten, ein paar Säcken Saatgut und dem Traum vom ganz anderen Leben.

»Es war der härteste Kampf meines Lebens«, sagt er. »Nach einem halben Jahr hatten wir beide Malaria. Dann wusch uns der Regen die Saat aus dem Boden und auch die nächste Ernte ging ein. Meine Frau flüchtete zurück zu ihren Eltern.«

Nachdem ihn ein Schlangenbiss fast das Leben gekostet hatte, brannte er seine Hütte nieder und zog weiter, weil in Roraima Gold gefunden worden war, und schließlich ließ sich alles nur noch im Drogenrausch ertragen, »was ich fand, ging dafür drauf«. Irgendwann hatte er sich nach Santarém gerettet, in die Stadt. »Was der Dschungel dir beibringt«, sagt er, »ist Demut.«

Im Ächzen der Barke und dem nächtlichen Klatschen der Wellen ist Dundees Geschichte nur ein gemurmeltes Echo aller Eroberergeschichten vor ihm. Sie begann nicht erst in den siebziger Jahren, sondern bereits vor Jahrhunderten – mit jener abgerissenen Abenteurertruppe, die auf der Brigantine des Francisco de Orellana 1542 flussabwärts trieb und deren Logbuch sich liest wie die Schlussphase eines Alptraums.

Ihre Haut unter den Rüstungen eiterte, und sie waren gespickt von Pfeilen »wie Stachelschweine«, notierte Chronist Gaspar de Carvajal. Sie trugen die entzündeten Phantasien der Alten Welt mit sich, sie waren auf Kannibalen gestoßen und hatten hier, auf der Höhe des heutigen Santarém, mit den Amazonen zu kämpfen, einer abgerissenen, verwilderten Meute, die von Indiohäuptlingen mit Versprechen auf Gold immer wieder in Hinterhalte geführt worden war.

Sie waren leichte Beute, denn es war die Gier, die sie in diesen endlosen Wasserschlund und seine Wälder lockte, sie und alle, die nach ihnen kamen, die Portugiesen und später Sir Walter Raleigh – sie haben den Amazonas nicht gemocht, sondern erduldet.

Du musst einen sehr guten Grund haben, in diese Hölle vorzustoßen. Neugier etwa, wie sie die Naturwissenschaftler des 19. Jahrhunderts in sich trugen, die sich des grünen Reichtums mit ihrer quantifizierenden Besessenheit annahmen. Über den Münchner Gelehrten Karl Friedrich Philipp von Martius, der eine vierzigbändige Monografie über die brasilianische Flora herausgab – in der 22.767 Pflanzenarten bezeichnet wurden, davon 5689 neue –, schrieb Alexander von Humboldt das schöne Epigramm: »Solange man Palmen nennt und Palmen kennt, wird auch der Name Martius mit Ruhm genannt werden.«

Was aber, wenn man sich überhaupt nichts aus Palmen macht?

Für Teddy Roosevelt, den amerikanischen Abenteurer-Präsidenten, war der grüne Kontinent eine in der Ferne phantastisch ausgepinselte Geliebte, die die erste Begegnung nicht überlebte.

Das *Scribner's Magazine* zahlte ihm das sensationelle Honorar von einem Dollar pro Wort für eine achtteilige Abenteuerserie, doch seine Notate wurden immer grimmiger und waren schließlich kaum noch zu gebrauchen.

»Der erbärmlich alberne Mythos einer gütigen Natur«, schrieb er, »könnte selbst den Dümmsten nicht mehr täuschen, wenn er nur einmal der grausamen Lebensbedingungen in den Tropen ansichtig würde.« Nach einer Fußverletzung fiel er ins Fieber und wimmerte nur noch, dass man ihn sterben ließe – nein, man muss hier geboren sein, um in diesem jahreszeitenlosen dumpfen Wuchern und Verschlingen nicht den Verstand zu verlieren.

Nur einmal im Jahr kommt Leben auf die eintönige Wasserstraße zwischen Belém und Manaus: Wenn sich die Boote auf nach Parintins machen, zum Indianerkarneval im Dschungel, dem irrsinnigen »Boi Bumbá«, wo zwei riesige Pappstiere aufeinander treffen, begleitet von Tänzerheeren in der Federpracht des Waldes und illuminiert in aberwitzigem Feuerzauber, die den Streit um ein Mädchen gewinnen wollen, denn natürlich ist das alles – wie kann es anders sein im Amazonas – nichts als ein hitziges Liebesdrama.

Für drei Nächte regnet es dann Dollar, ein folgenloser Wolkenbruch. Den Rest des Jahres verdämmert Parintins als Caboclo-Nest im Wald, denn der Dschungel kennt nur grüne Gleichgültigkeit und den raschen Boom, kurz wie ein Raubüberfall.

Manaus, im Herzen der grünen Hölle und fünfzehnhundert Kilometer von der Mündung entfernt, hatte während des Kautschukfiebers um die Jahrhundertwende ganze zehn wirklich gute Jahre. Seither verrotten die gekachelten Belle-Epoque-Fassaden der Gummibarone im Gewirr feuchter Betonsilos, und die berühmte Oper, ein Bastard aus Moschee und Scala, steht so fremd dazwischen, als sei sie hier irgendwann aus dem Flugzeug abgeworfen worden.

Dennoch ist die Stadt ein riesiger Saugapparat – in den letzten fünfundzwanzig Jahren hat sich die Einwohnerzahl auf 1,5 Millionen vervierfacht, und das sind nicht nur gestrandete Goldsucher oder Kleinbauern.

In der Bretterbaracke von Senhor Clovis, dem Prediger, sind zwölf Ticuna-Indianer angelaufen, die nun schweigend vor dem Fernseher des Hausherrn dösen und ihre Kinder säugen. Eine Woche lang waren sie im Kanu hierher unterwegs. Die Fische im Reservat sind knapp geworden, sagen sie. Sie wollen Fleisch und Trockenmilch, und der Kazike muss zum Arzt, weil er sich die Hüfte verrenkt hat. Aber eigentlich wollen sie ganz dableiben, denn das Leben da draußen im Wald ist hart.

»Einfach abgehauen«, meint der örtliche Chef der Indianerbehörde Funai empört. »Sie hatten sich aus der Casa de Indios verdrückt, ohne Bescheid zu sagen.« Ein klassischer Fall von Waldflucht!

Die Lage ist in der Tat verwirrend. Da hat man all die schönen Indianergebiete geschaffen in den letzten Jahren, eine Gesamtfläche von sechzig Belgien. Und nun ist der Amazonas selbst für die, die hier geboren wurden, für die Hausherren des Waldes, nichts als die DDR in ihren letzten Tagen: Entweder die Trockenmilch kommt zu uns, oder wir gehen zur Trocken-milch!

Doch es gibt einen neuen Stamm von Krie-gern, die den Amazonas wirklich lieben: die Touristen.

Karneval im Amazonas

*Zum Boi-Bumbá-Fest strömen Hunderttausende auf
die Flussinsel Tupinambarana*

Nur die Liebe kann einen solchen Zauber an-
richten, nur eine große Leidenschaft ein solches
Feuerwerk steigen lassen.

Jedes Jahr im Juni ist der entlegene Amazo-
nas-Flecken Parintins illuminiert wie ein Mär-
chen aus Tausend und einer Nacht. Im oft ver-
hangenen tintenschwarzen Tropennachthimmel
explodieren Sterne in Purpur und Gold und Tür-
kis, Trommeln zerreißen die Stille des Waldes,
und Hunderttausende tanzen und schwitzen und
singen unter Fackeln und bengalischen Feuern.

Doch nicht nur hier – im ganzen Amazonas-
Gebiet feiern Indios den »Boi Bumbá«, den Indianerkarneval, der auf jene legendäre Geschichte
zurückgeht, als sich, Anfang des letzten Jahrhunderts, die Sprösslinge zweier Familien um
ein Mädchen in die Haare kriegten.

Sie sollten zum traditionellen Bumbá-meu-
Boi-Fest antreten, das einst von den Gauchos
eingeführt worden war. Gewinner der Schönen
sollte derjenige sein, der den prächtigeren Fest-
stier präsentieren konnte.

»Mein Stier wird ganz außergewöhnlich, ganz
caprichoso sein«, rief der eine, der seinen schwarzen Bullen mit einem blauen Stern zwischen den

Hörnern schmückte. »Meiner«, rief der andere zurück, »wird garantiert gewinnen, *garantido*«, und er malte dem seinen, der weiß war, ein rotes Herz zwischen die Augen.

Und dann sangen sie gegeneinander an, um die Liebe des Mädchens, das sie anbeteten, zu gewinnen. Und seither gibt es diese beiden großen Lager: Das rotweiße von »Garantido«, und das blauschwarze von »Caprichoso«.

Seither ist der Flecken auf der Flussinsel Tupinambarana gespalten, und nicht nur er. Im ganzen Amazonas-Gebiet, von der Mündung bei Belém bis hinauf nach Manaus, hört man schon Wochen vorher die jeweils neuesten Hymnen und Schlachtgesänge der beiden Lager, die wie die Karnevalssambas von Rio eigens jedes Jahr komponiert werden.

Wir waren im Herzen von Manaus im »Hotel Brasil« untergekommen, das mit seinen grünroten Neonbuchstaben in die Nacht glühte wie jenes legendäre »Hotel California« der Popband »The Eagles«, und es war auf ebenso magische Art verloren. Alles konnte hier passieren. Und es passierte, wie in einem wild wuchernden Traum.

Halbnackte Boi-Bumbá-Verrückte zogen singend und tanzend an uns vorbei, hinunter zum Hafen. Eine zahnlose Alte schöpfte die absurdscharfe *Tacapa*-Suppe aus ihrem Bottich, einer verkaufte leuchtende Kreisel, und die meisten, die zu den Booten unterwegs waren, trugen bereits die Farben: blauschwarz, rotweiß.

Nicht weit davon feierte man in jener berühmten Oper von Manaus, die sich die Kautschukbarone einst zu Beginn des vergangenen Jahrhunderts Stuhl um Stuhl aus Paris importiert hatten, eine Gala zu Ehren des Weltbankchefs. Seine Entourage war unter die Kristalllüster und Fresken in die roten Samtsessel gebeten worden, um Beethoven zu lauschen: »Freude schöner Götterfunken«.

Und draußen wurde getrommelt und gesungen – es hätte keinen übermütigeren Kontrast geben können. Die Nacht war schwül, und niemand dachte daran, sich etwa für die Fahrt zur Flussinsel auszuruhen.

Später brachen die Limousinen der Operngäste auf ins mondäne Tropical-Inn-Hotel zu einem exklusiven Mitternachtsdinner, wo sie von indianischen Sängerinnen mit unendlich langen Beinen mit den letzten Boi-Bumbá-Rhythmen vertraut gemacht wurden.

Und das halbnackte Fußvolk unten am Hafen bestieg die Boote und sang seine Bumbá-Favoriten, und dann setzten sich Flotten in Fahrt. Dreistöckige Holzkutter, über deren Decks Hängematten verknotet waren, die im Fahrtwind schaukelten – auf zur Flussinsel, vierhundertzwanzig Kilometer von Manaus entfernt, um dort drei Tage und vor allem drei Nächte lang weiterzufeiern.

Die Boote waren in den Farben der »Caprichoso«- und der »Garantido«-Fans geschmückt und wenn sie sich gegenseitig auf der Fahrt zur Insel

überholten, wurden gutmütige Spottgesänge ge-
wechselt.

Jenes Jahr war ein besonderes. Luis Inácio
»Lula« da Silva war zu Brasiliens Präsident gewählt worden – Lula, der Malocher, der Metall-
gewerkschafter, der Mann aus dem Volk. Und
tatsächlich, der Staatspräsident sollte höchstper-
sönlich im Bumbadrom in Parintins in der Eh-
renloge Platz nehmen. Der Mann aus dem Volk
wollte genau dorthin, wo das Volk feierte.

Die Insel war, wie jedes Jahr, hoffnungslos
überfüllt. Jedes Haus, jeder Schuppen war in
eine Herberge verwandelt worden, doch die
meisten schliefen, wenn sie überhaupt dazu kamen, ihre Räusche in den Hängematten auf den
Booten aus.

Die Insel war eine einzige Promenade, auf
der man sich zeigte im Geschiebe, in rot oder
blau, die Mädchen in knappen Bikinis, die Jungen in Hemden, die auf ihren Torsos klebten in
der schwülen Dschungelhitze, ein einziger eroti-
scher Malstrom von Körpern, der in konzentri-
schen Kreisen um das mächtige Boi-Stadion in
der Mitte wogte.

Rund vierzigtausend Zuschauer passten dort
hinein – die Tickets waren schon Monate im
Voraus vergriffen, gerade in diesem Jahr, das ein
besonderes war. Es war das Jahr, das die brasilianische Einheit unter dem neuen Präsidenten
feierte, und da dies so war, zogen die beiden
Stierprozessionen gemeinsam ins Stadion, »Garantido« genauso wie »Caprichoso«.

Was für ein Spektakel hinter den turmhohen Pappstieren, dem weißen und dem schwarzen! Wogende Palmenwälder aus grüner Glitzerfolie, korallenrote Orchideen darin, Affen mit blinkenden Schwänzen, alles getragen von maskierten Tänzern und Tänzerinnen, die nichts auf dem Körper hatten als goldene Nebelwolken aus der Spraydose.

Längst ist das Boi-Bumbá-Fest in der Hand von hochbezahlten professionellen Pyrotechnikern und Trickspezialisten. Millionen werden in diesen drei Nächten verschleudert, und wie in Rios Sambodrom mit seinen verschwenderischen Aufzügen treten die großen Bierfirmen als Sponsoren auf.

Der Reiz des Indianerkarnevals: Hier ist der Dschungel nah, und all die Fabelgestalten, die in nicht abreißenden Prozessionen ins Stadion geführt werden, all die glühenden Schlangen, die Feueradler, die fauchend-fliegenden Tiger, stammen aus den Legenden und Träumen der Indiostämme, die im Regenwalddickicht am jenseitigen Ufer leben, viele von ihnen ohne nennenswerten Kontakt mit der Zivilisation.

Wie wir die drei Nächte überstanden, weiß ich nicht mehr zu sagen. Doch an den jubelnden Aufschrei, der aus dem Stadion in den Nachthimmel stieg, als sich der Präsident zeigte, kann ich mich noch gut erinnern. Er wirkte überlebensgroß. Wie eine weitere Fabelfigur des Boi Bumbá. Auf seinen Wunsch hin übrigens gab es in diesem Jahr keinen Sieger, keinen Verlierer.

Beide Stiere hatten gewonnen. Alle hatten gewonnen.

Zumindest all die, die sich nach diesen drei Nächten noch an ihren Namen erinnern konnten, oder wenigstens, für die Heimreise, an den Namen des Bootes, auf dem sie ihre Hängematte verknotet hatten.

Survival of the Fittest

Die Auswüchse des Tourismus

Ein bizarrer Populationsaustausch findet da statt. Während republikflüchtige Indianer ihre Hütten aufgeben und sich über die grüne Grenze in die Stadt aufmachen, wird der Amazonas von Erlebnisurlaubern als letzter Kick entdeckt. Rund achtzig legale und noch einmal so viele illegale Reiseveranstalter allein in Manaus bieten den Kunden der Regenwaldboutiquen in Paris und Berlin das echte Fitzcarraldo-Feeling – den Überlebenstrip in die grüne Hölle.

Meistens heißt dein Führer Joe und hat fünf Jahre in der Armee gedient. Sein Blick sagt dir, dass er dich verachtet, aber dass er trotzdem versuchen wird, einen Kerl aus dir zu machen. Und dann stolperst du im Halbdunkel hinter ihm her und fragst dich, warum die Moskitos die Einzigen sind, die sich weigern, zu den vom Aussterben bedrohten Gattungen zu gehören.

Der Dschungel, sagst du dir, ist sterbenslangweilig und ganz und gar nicht schön, aber für Liebhaber schmutziger Saunas muss er der Himmel sein. Du stiefelst durch knöcheltiefe braune Blätterpampe, die im Fachjargon mit Recht nur schnöde als »Biomasse« bezeichnet wird. Und am besten ist, du fasst nichts an, ganz besonders diese hellgrüne, zarte Liane nicht, denn die ist eine Schlange.

Der Ernstfall »Überleben« also. Nehmen wir ein ganz alltägliches Szenario: Du bist mit deinem Lear-Jet auf dem Weg von Stuttgart nach Düsseldorf vom Kurs abgekommen und mitten über dem Regenwald abgestürzt. Was tun? Das Handy? Falsch, das funktioniert hier nicht. Du suchst dir den nächsten Sumauma-Baum mit mächtiger Bretterwurzel und klopfst um Hilfe. Man nennt es Dschungeltelefon. Es hat eine Reichweite von sechs Kilometern und ist selten besetzt. Dann zerkaust du ein paar Bengue-Blätter, um deine Hämatome zu versorgen, und schmierst dich mit dem Öl von Strohblättern ein, weil Jaguare den Geruch nicht ausstehen können. Dann besorgst du dir einen grünen Ast und drehst dir aus der Rinde des Envira-Baums eine Bogensehne, worauf du dich auf die Lauer legst, geschützt zwischen den Riesenwurzeln des Jimbu, um zu jagen. Und um jene perversen Jaguare auf Distanz zu halten, die zufällig doch auf Strohblätteröl abfahren.

Da sich Ameisenbären, Wollbeutelratten oder Faultiere nur nachts zeigen, wirst du wahrscheinlich nichts erbeuten. Also wirst du dich an Palmenherzen halten und an Wasserlianen, und, um deinen Proteinvorrat zu decken, an Tatu-Maden.

»Sie schmecken nach Kokos«, sagt Joe und popelt mit einem winzigen Stöckchen die weiße fette Larve aus einer grünen Nuss. Und da du

Joe nicht zum Feind haben willst, nicht hier, kaust du auch eine. Rüdiger Nehberg ist durch nichts anderes berühmt geworden. »Stimmt, schmeckt nach Kokos«, sagst du.

Du lernst, dass der Wald gar keiner ist, sondern eine Apotheke. Tirici-Gras zum Beispiel hilft gegen Zahnschmerzen. Doch da ist auch erstaunlich viel gegen Managerkrankheiten – der Toilettenschrank eines Börsenmaklers ist nichts dagegen: Blätter und Rinden gegen Bluthochdruck und Rückenschmerzen und Herzinfarkt, Rheuma und Gehirnschlag.

Das Leben im Wald scheint einen hohen Stressfaktor zu haben, denkst du dir. Und einer davon ist, die Blätter und Rinden der rund zweihundert Arten auseinander zu halten, die hier pro Hektar treiben, denn sie sehen alle gleich aus. Es kann also durchaus passieren, dass du nicht die Blätter der Quina do campo kaust, die gegen Malaria helfen sollen, sondern die anderen, die das Rheuma lindern. Irgendwann wird dich dann ein Tropenmediziner untersuchen und nur noch feststellen können, dass du nicht an Rheuma gestorben bist.

Nach ein paar Stunden bist du dschungeltauglich und fertig. Du sitzt mit Joe am Fuße von Baumsäulen, die so hoch sind wie Notre-Dame und ebenso wenig Sonnenlicht hereinlassen, und dann ergeht ihr euch in einer kleinen Indiana-Jones-Fachsimpelei über die Touristen, die sich kürzlich im Wald verlaufen hatten und erst nach fünftägiger Suche wieder aufgegriffen werden konnten. Da ist einiges schief gegangen. Die Agentur, die sich »Alternatur Amazônia« nennt und in Paris offenbar als ganz heiße Regenwald-Internetadresse gilt, hatte den beiden Amazonas-Abenteurern einen eher zartgliedrigen, aber Französisch parlierenden Führer mitgegeben, einen Surinamesen namens Roy. Gleich mit dem ersten Wolkenbruch hatte Roy die Orientierung verloren. Nach ihrer Rettung stellte sich heraus, dass die drei weder getrommelt noch Pfeil und Bogen gebastelt hatten. Auch vor den Maden hatten sie sich gedrückt, und sich ausschließlich von Palmenherzen ernährt. Die beiden Männer hätten weitermarschieren können, aber die junge Amande de Montal war trotz ihrer Designerausrüstung sehr geschwächt und krank und litt unter Asthmaanfällen – die wiederum nicht mit Jambú-Blättern behandelt wurden. »Wahrscheinlich wussten sie gar nichts davon«, sagst du höhnisch.

Amande also saß zitternd und krank im Wald und hatte besonders nachts, wie Roy später unter Freunden verriet, »eine Scheißangst vor den unheimlichen Geräuschen«. Das hätte wohl jeder. Allerdings: Kaum war sie von einem Armeehelikopter nach Manaus transportiert worden, bedankte sich Mademoiselle Amande, eine Wirtschaftsstudentin aus dem 16. Arrondissement, überhaupt nicht bei ihren uniformierten Rettern, sondern spuckte, ganz im Gegenteil, die allergrößten alternativen Töne.

Sie beschwerte sich über die rücksichtslose

Armee. Der Wald sei ihr Freund, sagte sie. Die Indianer hätten ihr sicher geholfen. Und dann telefonierte sie, unter dem Blitzlichtgewitter der Fotografen, mit Paris. »Es war so wahnsinnig authentisch«, rief sie, nachdem der Butler zu Frau Mama durchgestellt hatte. »Zum ersten Mal in meinem Leben habe ich mich gespürt, meine Ängste und meine Stärken.« Fünf Tage lang hatte dieser Selbsterfahrungstrip Presse und Polizei und Armee in Atem gehalten. Der Amazonas als Urschreitherapie für zivilisationsmüde Snobs – perverser kann er nicht enteignet werden.

Das High im Regenwald

Die Natur als Abenteuerfilm

> *Mein Freund, der Baum ist tot,*
> *er fiel im frühen Morgenrot*
> Deutscher Schlager

Die Liebe zur Natur ist eine Sache der Dosierung: Selbst für die internationalen Helferkongresse scheint der Amazonas allenfalls im mondänen Tropical Inn von Manaus erträglich zu sein – es ist mit Umwelttagungen nahezu ständig ausgebucht. Hinter dem silberkühlen Wasservorhang am Pool zerfließt der Wald zur angenehmen Ahnung, der gefleckte Jaguar im Hotelzoo ist allzeit fotografierbar, und abends werden den Tagungsteilnehmern die aus Parintins herbeigeschipperten Boi-Bumbá-Tänzerinnen zum Nachtisch serviert.

Von hier aus brach der Amazonas-begeisterte Helmut Kohl 1992 zur Dschungellodge Ariau auf, einem Bungalowdorf auf Planken drei Stunden stromaufwärts. Stolz zeigt der Inhaber Dr. Francisco Ritta Bernardino den Kugelschreiber vor, der ihm vom Einheitskanzler verehrt wurde, und seither heißt eine der Suiten »Helmut Kohl«. Sie unterscheidet sich von der Suite »Bill Gates« dadurch, dass sie weder über Hometrainer noch über Computer verfügt.

Ritta, der Ex-Militär mit dem kurz geschorenen Schädel, hatte bereits vor Jahren die Zeichen der Zeit erkannt: Ökotourismus für Betuchte. Und er begriff, dass der Wald als solcher eher langweilig ist und daher inszeniert werden muss. Seine bizarre Amazonas-Fiktion hat Erfolg. Susan Sarandon und Mel Gibson sind hier bereits abgestiegen, Bill Gates und Ex-Bundespräsident Herzog, und Königin Silvia von Schweden wurde nach ihrem Besuch mit einer Holzplastik verewigt – als irre in den Dschungel starrende Edelsquaw.

In den Wald hat Ritta einen Ufo-Landeplatz sägen und darauf eine Grußadresse in den bei Marsmännchen äußerst beliebten Weltsprachen Englisch, Französisch, Hindi und Hebräisch pinseln lassen: »Willkommen Brüder, dies ist das Land des Friedens und der Liebe.« Gleich daneben erhebt sich die gläserne, vollklimatisierte »Pyramide der Glückseligkeit«, mit Meditationskissen, New-Age-Klängen und Altären für die Liebe. Das schattige Türkisgrün, das außen über die Glaswände wuchert, stammt von einer wetterbeständigen Kletterpflanzenimitation aus Plastik.

Man sieht auf den ersten Blick, mit welchen Besuchern Ritta rechnet: mit Außerirdischen sowie schwer durchgeknallten Romantikern aus Hollywood, was ja in etwa aufs Gleiche hinausläuft. Daneben, sicher, Honoratioren und allerlei Familientourismus – mit vierundzwanzigtausend Gästen pro Jahr ist das Ariau die erfolgreichste Bettenmaschine mit dem Ökosiegel.

Auf den langen Bootsfahrten durch die mäandernden Seitenarme des Rio Negro erzählen die Führer die alten Legenden und dabei kommt es zu den allerschönsten mythologischen Verschränkungen von New Age und Old Age. Für jeden Berliner Esoteriker zum Beispiel ist ausgemacht, dass Delfine unglaublich intelligente Wesen sind. Das glauben die Caboclos am Fluss auch. Hier jedoch ist der rosa Flussdelfin auch noch ein Gigolo, der nachts an Land steigt, Menschengestalt annimmt, unschuldige Mädchen schwängert und wieder abtaucht. Kurz: Der Delfin ist ein Schwein.

Allerdings, wer dann in der Abenddämmerung hinausgleitet auf den Rio Negro, der glaubt an alles. Die Sonne verblutet über einem dunklen Spiegel, überflutete Bäume strecken ihre Äste heraus wie schwarze Arme, um die das Wasser silberne Ringe legt, und darüber schweben Wolkengebirge, unglaublich rosa und hoch, die sich tief im Fluss verdoppeln. Wie war das noch mal mit den Delfinen?

Der sanfte Ökotourismus des Ariau verkitscht den Amazonas zum Schmusezoo. Seine Plankenwege sind wie Laufställe für Erwachsene in den Wald gebaut, Klammeraffen turnen darauf herum und Papageien, und in den eher kargen Zimmern ist an die Wand gepinselt, wie schön der Wald sein könnte, wenn er sich ein bisschen am Riemen risse: nackte Indianerinnen im Vollmond, Kraniche im Schilf und immer wieder rosa Delfine, die hier das Pendant zum brüllenden Elch darstellen.

Die Natur wird als Adventure-Movie inszeniert, etwa wenn es mit einem blutigen Stück Rinderherz zum Piranha-Angeln geht. Kaum senkt sich der Köder ins Wasser, schäumt die schwarze Brühe wie Coca-Cola. Du reißt eines dieser rotsilbernen Biester aus dem blutgierigen Gewimmel, löst es mit einem Griff hinter die Kiemen vom Haken – und dann kannst du wählen, ob du es als Suppe willst oder doch lieber gegrillt. Nachts legen Scheinwerfer-bestückte Langboote ab – eines heißt »Helmut Kohl« –, um kleinere Krokodile zu fangen. Wenn es in Ufernähe rot aufleuchtet, ist es das Augenpaar eines geblendeten Kaiman. Dann stürzt sich der Caboclo ins Schilf, um kurz darauf mit dem Reptil wieder aufzutauchen, das starr ist vor Schreck. Dem hält er den Kiefer zu, damit ihn jeder streicheln kann – kann man der Natur näher, kann man ihr entrückter sein?

Alle, die auf diesen Booten in die Amazonas-Seitenarme vorstoßen, sind auf der Suche nach einem Geheimnis, das ihnen entgleitet, je näher sie ihm kommen. Kein Waldbewohner würde je auf die Idee verfallen, Krokodile zu fangen – er tötet sie, und er betet sie an. Neal Ames aus Los Angeles dagegen tätschelt dem Kaiman den Panzer mit rührender Liebe. Er hat zu seligen Woodstock-Zeiten »Sly and the Family Stone« promoted und ist später mit Fensterblenden reich geworden. Und nun sagt er, mit melancholischer Zivilisationsverachtung: »Das Tier ist gut, und der Mensch ist böse.« Um dann, nach einem jähen Gefühlssturz, hinzuzusetzen: »Und die Verkörperung des abgrundtief Bösen ist Bill Gates.«

Wieso? Hat ihn der Kaiman an Gates erinnert? Hat er Microsoft-Aktien? Überhaupt: Will Gates nicht auch den Regenwald retten? »Der tut nur so«, sagt Arnes. »In Wahrheit will er die Weltherrschaft.«

Eberhard Nike vom Forschungsinstitut Karlsruhe knipst das Krokodil geistesabwesend. Er ist damit beschäftigt, die Kosten für eine Solarversorgung des Hotels im Kopf zu überschlagen. »Circa zweieinhalb Millionen Euro«, sagt er, »wäre direkt ein Kunde.« Er lächelt entschuldigend: »Man nimmt seine Arbeit ja ständig mit.«

Seit neuestem hat das Ariau seinen Streichelzoo ausgedehnt. Man hat echte Indianer ins Programm genommen, und in dieser Nacht tanzen sie, um die Geister zu beschwören. Und das Schönste: Sie sind nackt. Als Faustregel für den Amazonas-Urlauber gilt: je nackter desto echter.

»Heutzutage laufen die meisten Stämme ja in T-Shirt und Shorts herum«, meint Carol, die Texanerin. Doch hier, im Fackellicht am Anlegesteg in einem schmalen Seitenarm des Flusses, huschen Nackte herum, ganz so wie auf dem Filmset von »Apocalypse Now«, und Carol drückt die »Night Vision«-Taste ihrer digitalen Videokamera. Nach einem kehligen Singsang, der vom Ariau-Führer als Hymne an die Sonne vorgestellt wird, tanzen vier kleine tätowierte

Indianerpärchen mit den umfangreichen Bäuchen größerer Touristen im Kreis herum. Neal ist ganz außer sich, denn so ähnlich war es auch in Woodstock, und später gibt es Kaiman von der Feuerstelle, und die ganz Mutigen ziehen an der zerkauten Indianerzigarre.

Tatsächlich ist der Kazike Kali Ne Seri mit seinen Leuten erst vor einem Jahr hierher engagiert worden. Die zwölf Terianu stammen aus dem Norden und normalerweise laufen sie nicht so herum. Ne Seri ist in einer Jesuitenschule groß geworden, und die angebliche Sonnenhymne zu Beginn der »Zeremonie« bestand aus ein paar Dankesworten an die Ariau-Company. Die *maloca*, das Langhaus, ist ihnen gestellt worden. Ritta zahlt pro Auftritt und Nase zwei Euro fünfzig, ein Bruchteil von dem, was er den Touristen für diesen Trip abnimmt. »Wir müssen auch am Wochenende arbeiten«, klagt Ne Seri. »Wir sind absolut urlaubsreif.«

Es ist anstrengend, den Amazonas so zu erfinden, dass er in einen westlichen Urlauberschädel passt.

Die Holzmühle

Die ökologische Enträtselung des Waldes

Der Tote liegt auf dem glühenden Asphalt vor dem Hangar in Manaus, wie eine Puppe mit bleichem, aufgedunsenem Gesicht, Khakis, schwarzen, abgetretenen Schuhen. Vier Männer stehen ratlos um ihn herum. Einer von ihnen zuckt die Achseln, als Salem, der Pilot, fragend hinüberwinkt. »Die warten immer bis zum letzten Moment, bis sie sich herausholen lassen«, meint Salem. »Und dann ist es zu spät.« Man wird die Leiche wegschaffen, und in ein paar Tagen liegt die nächste da.

Malaria und tote *garimpeiros*, immer die gleiche Geschichte. Jahrelang hat er sie aus der Luft beliefert, während des Goldrausches der achtziger Jahre. Er hat sie mit Konserven und Gerät versorgt und manchmal mit einer Frau, und viele seiner Pilotenfreunde sind bei diesen Einsätzen vom Himmel gefallen, die meisten auf immer verschollen im grünen Meer.

Salem hat beunruhigend viel Wut für einen, dem du dein Leben anvertraust. »Ich könnte zum Terroristen werden«, sagt er, als er sich hinter das Steuerruder der Cessna klemmt. »Das Land ist im Eimer, der Wald ist im Eimer, die Politik ist im Eimer.« Er rückt die Brille zurecht. »Die Einzigen, die was taugen, sind die Frauen.«

Er geht die Checks durch, startet, und kaum hat er die Maschine oben, setzt er seine Kriegserklärung fort. Wogegen sie sich genau richtet, bleibt unklar. Klar ist nur die Wut: auf den Wald und diejenigen, die ihn zerstören. Auf die Politiker. Die Männer. Auf *fazendeiros* und Goldgräber und ausländische Spezialisten. Er zieht eine Schleife über dem Palast, den sich der Gouverneur ans Amazonas-Ufer gesetzt hat. »Glaubst du etwa, so was kann der sich von seinem Gehalt leisten?«, brüllt er in den Lärm.

Er schwebt über dem Strom, der hier den Rio Negro in sich aufnimmt wie einen breiten schwarzen Pinselstrich auf gelber Leinwand. Salem gewinnt an Höhe, und dann ist da nur noch Grün bis zum Horizont, durchzogen von den Silber-Kalligrafien des mäandernden Flusses. Salem schaut herüber und nickt. In der Tat, es ist schön. Seiner Frau zuliebe hat Salem die *Garimpeiro*-Fliegerei aufgegeben. Aber er weiß: Auf Dauer hätte er gegen den Wald sowieso verloren. Man kann nicht gegen ihn gewinnen, und womöglich ist das der heimliche Grund für seine Wut. Man kann ihn abfackeln, klar, aber das wäre kein Sieg. Salem ist grüner Konvertit, aber nur, weil der Wald stärker ist.

Nach einer halben Stunde westwärts tauchen die Holzschlaggebiete um Itacoatiara auf, als Glatzenflecken im Wald, bereits wieder mit hellgrünem Flaum überwuchert, und dann größere Stücke, die aussehen wie gekämmt – aufgeforstete Gebiete mit Palmen, die in endlosen Spalieren strammstehen. Dann ein paar größere Baracken und eine schmale rote Sandzunge. Salem bringt die Maschine nach unten. Sie springt wie eine Murmel auf Wellblech, plötzlich ein Schlag, sie stellt sich schräg und kommt schließlich rutschend zum Stillstand – ein kantiger Brocken hat den rechten Reifen zerfetzt. Salem ist Schlimmeres gewöhnt. »In ein paar Stunden hab ich's repariert.«

Das Gelände von Precious Woods ist keine herkömmliche Sägemühle – es ist ein grüner Wallfahrtsort geworden, mit rund tausend Besuchern pro Jahr. Das Schweizer Unternehmen demonstriert, gewinnbringend, die komplette Enträtselung des Waldes. Die bisherige Geschichte des Amazonas ist die wilder Plünderung – Precious Woods zeigt, wie man systematisch ausbeutet ohne totzuschlagen. Mit einem Wort: Hightech. Es ist die auf die absurde Spitze getriebene Quantifizierung des Dschungels durch Satellitenüberwachung und Computerauswertung. Auf den achtzigtausend Hektar der Firma ist jeder Baum durchnummeriert und auf dem Monitor abrufbar, in einer lückenlosen Steckbriefkartei mit Angaben zu Größe und Alter und Art. Die Gebiete sind in Sektoren und Trassen unterteilt. Gefällte Stämme werden mit einem Stahlseilsystem aus dem Dschungel gezogen, ohne, wie in der herkömmlichen Art, die ganze Umgebung platt zu walzen und damit die Böden korrodieren zu lassen. Ausgeweidete Flächen werden aufgeforstet und fünfzig Jahre lang nicht angerührt.

Die Baumkandidaten werden sorgfältig ausgewählt, und in Sektor C will Betriebsleiter João Cruz demonstrieren, wie es gemacht wird. Er rast in seinem uralten Fiat über die rote Piste in den Dschungel und schwärmt dabei von deutschen Autobahnen. Vorletztes Jahr war er in Rostock – Precious Woods hatte die knotigen, betonharten Acaricuara-Stämme für den Bühnenbau in Mecklenburg geliefert. Sektor C ist ein Brutofen unter Baumriesen. Das brusthohe Unterholz peitscht die Haut blutig, die Moskitos feiern Orgien, der Atem geht flach und irgendwann ist Baum dreihundertsechsunddreißig LOPR erreicht, ein Riese der Gattung Louro preto. Der Vorarbeiter, schwarz unter einer Pampe aus Schweiß und Holzstaub, legt den Probeschnitt an und führt den Stahlhaken ein, um die Größe des Hohlraums zu überprüfen. Dreihundertsechsunddreißig LOPR hat den Test bestanden – der Hohlraum ist so klein, dass ein Abschlag lohnt.

Und dann ist er dran. Nachdem die Fallrichtung festgelegt ist, heulen die Sägen auf und fräsen ein Filet von der Größe eines Wirtshaustisches heraus. Der Mammut ächzt, und dann stürzt er wie ein Turm, rauschend und brüllend, der Himmel reißt auf, der Boden zittert unter dem dumpfen Knall. Dann beginnt das Zerlegen. Selbst die größeren Äste werden geborgen und zu Hammerstielen verarbeitet.

Die chirurgische Präzision von Precious Woods hat selbst Greenpeace beeindruckt: Seit

Juni verkauft die Firma mit deren Ökosiegel an die Konsumenten in Übersee und die zahlen dafür gern Aufpreise. Den traditionellen Holzschlägern indes machen die zunehmend strengen Auflagen zu schaffen. Die Umweltbehörde Ibama verhängt mittlerweile Strafen bis zu zweihundertfünfzigtausend Euro – und treibt sie auch ein. Ein malaysischer Schnellsäger hat bereits die Koffer gepackt. Der benachbarte Großproduzent Getal dagegen will nun die Methoden von Precious Woods übernehmen.

»Der Amazonas wird überleben«, sagt João. »Überall geht es in die richtige Richtung.« Die Zukunft des Waldes, wie er sie sieht – eine durchnummerierte Plantage aus Ökoholz.

Der Kontinent der Träumer

Hightech-Cowboys im wilden Westen

Gut und Böse sind in Acre, dem westlichsten Staat im brasilianischen Amazonas, leicht auseinander zu halten: Böse sitzt im Gefängnis und Gut auf der Regierungsbank.

Damit es so bleibt, ist für das Böse im blauweiß getünchten Knast am Stadtrand von Rio Branco ein besonderer Trakt errichtet worden, ein Kasten im Kasten, und der wird, auf Anordnung des neuen, jungen Gouverneurs, ausschließlich von Bundespolizisten überwacht.

»Die Jungen da oben machen sich in die Hosen vor Angst«, spuckt Lokalpolizist José Maria verächtlich aus. Er schiebt vor der äußeren Stacheldrahtabsperrung Dienst und brütet darüber nach, warum keiner mehr Respekt vor ihm hat.

Sagen wir es so: Die Jungen da oben trauen niemandem, am allerwenigsten José Maria, denn drinnen sitzt sein ehemaliger Chef Hildebrando Pascoal. Hildebrando, das »Monster«, war nicht nur Oberpolizist und Abgeordneter, sondern einer der mächtigsten Drogenbosse der Nation. Er kassierte überall ab hier im wilden Westen, wo die grenzüberschreitenden Amazonas-Zuflüsse als Verkehrswege von kolumbianischen und bolivianischen Kartellen genutzt werden.

Er kontrollierte die Politiker und Richter des Staates, und seine Todesschwadronen machten kurzen Prozess mit Verrätern – einem trennte er mit der Motorsäge persönlich Hände und Füße ab. Seit achtzehn Monaten sitzt er, denn da begannen die Guten, die überraschend an die Macht gekommen waren, in Acre aufzuräumen. Bereits in den ersten drei Prozessen wurde das Monster jeweils zu lebenslänglich verurteilt, acht weitere Prozesse stehen noch aus. Er soll mittlerweile wiedergeborener Christ sein – Ausweglosigkeit macht fromm.

»Wenn der rauskäme«, meint Taxifahrer Pernambuco, »wäre das wie die Wiederkehr des Killers aus ›Freitag, der 13.‹, nur schlimmer.« Er lebte in Angst wie viele in Rio Branco, denn nahezu jede Nacht tauchten verstümmelte Leichen am Flussufer auf.

Von jeher war Acre ein gesetzloser Außenposten, ein Schlangennest aus Verrückten und *pistoleiros*. Von den fünfhunderttausend Einwohnern leben dreihunderttausend in der Hauptstadt, der Rest verstreut sich über Wälder und Reservate in einem Land, das so groß ist wie fünf Belgien.

Und der Sieg der Guten ist immer noch wacklig dort draußen: Derzeit sucht die Polizei im Westen des Staates nach dem Gemeinderat Auton Farias, der einem Indianer die Hoden abgeschnitten hatte, »um ihm eine Lehre zu erteilen«. Auch Farias Vater hofft, dass die Polizei den Sohn schnell findet, und zwar vor den Indianern, denn sonst »machen die mit ihm das Gleiche«.

Acre, ein wildes Land. Kaum irgendwo sonst wurde der Regenwald so rücksichtslos mit Flammen niedergekämpft wie hier; wegen der Rauchglocke blieb der Flughafen der Hauptstadt Rio Branco oft wochenlang außer Betrieb. Doch ausgerechnet Acre gab den Startschuss zur grünen Revolution, zur Gründung der weltweiten »Rettet den Regenwald«-Initiativen, denn in Acre war Chico Mendes zu Hause.

Der kleine, korpulente Gummizapfer hatte als Erster den Widerstand gegen die kokelnden *fazendeiros* mobilisiert. Mendes wurde zum Symbol. Er, der ohne Telefon und Fax lebte, erst mit vierundzwanzig lesen lernte und mit vierzig seinen ersten Anzug trug, sprach in der UNO und traf die Herrscher der Welt. Er war der Schutzengel des Waldes, der Apostel grüner Bedürfnislosigkeit. Als der *fazendeiro* Darly Alves da Silva den Aktivisten am 22. Dezember 1988 töten ließ, schuf er einen Märtyrer, dessen Konterfei auf T-Shirts, Plakaten und in Hollywoodfilmen um den Erdball ging – und nun war nichts mehr, wie es war.

Die grüne Protestwelle, die damals in die Welt hinausrollte, flutete Ende der neunziger Jahre zurück, mit Urgewalt, und spülte das alte, korrupte Establishment in Acre fort und eine neue Generation an die Macht – der damals achtunddreißigjährige neue Gouverneur Jorge Viana rief eine »Regierung des Waldes« aus.

Die Guten haben gewonnen in Acre, und sie sitzen in den Kolonialgebäuden rund um den

Platz der Seringueiros, wo sie eine Art grüne Traumfabrik aufgebaut haben. Man erkennt die Guten daran, dass sie jung sind, Polohemden tragen und mit Handys herumfuchteln. Meistens sind sie aus São Paulo, beraten internationale Regenwaldstiftungen, tauschen E-Mails aus und sind gegen den Ausbau von Straßen.

Sie produzieren meterdicke Stapel von Hochglanzbroschüren über »nachhaltige Bewirtschaftung« und T-Shirts mit Slogans zur Rettung der Wälder. Oft kommen sie gerade von Kongressen in Berlin oder Los Angeles zurück.

Das alte, hässliche Establishment schmatzt über den Fleischtellern der *churrascaria* gegenüber dem Hotel Ignácio. Die neue Elite tafelt gedünstetes Gemüse bei »Alexander«, einem roséfarbenen, postmodernen Italiener, der Palmenherzen-Soufflé anbietet und allenfalls mal die Hühnerbrust »Frango au Champagne«.

»Endlich haben wir die Mittel, unsere Projekte durchzusetzen«, sagt Debra, die einen aufregenden Mini zu ihrem Zebra-Handy trägt. Sie ist Assistentin des Umweltministers. Ihr Freund Luiz arbeitet als Abteilungschef im Wirtschaftsministerium.

Wirtschaft? Aber Acre hat doch gar keine Wirtschaft! Die Kautschukindustrie ist seit hundert Jahren tot, die paar Viehhirten, die geblieben sind, zahlen keine Steuern, und der Tourismus beschränkt sich auf Schulklassen, die das Geburtshaus von Chico Mendes in Xapuri besuchen. Rund neunzig Prozent des Haushalts stammen aus Brasília – der Staat ist nahezu komplett durchalimentiert.

»Nun«, sagt Debra, »es gibt ein Zweihundertfünfzig-Millionen-Dollar-Projekt der Weltbank – eine Riesenbestandsaufnahme des Amazonas.« Na bitte! Das Ziel ist ein übersichtlicher Wald, ist Aufklärung bis zur letzten Wurzel, und dazu braucht man Computer, Radios, Schiffe. »Das alles können wir jetzt endlich anschaffen.«

Das alte Acre hat seine Geschäfte mit Kokain gemacht. Das neue Acre macht seine, ungleich sympathischer, mit dem virtuellen Regenwald. Es ist Amazon Dotcom: eine charmante Hobbybude für junge grüne Techno-Hippies aus dem Süden des Landes.

Die Projekte? »Wir wollen eine Wirtschaft aufbauen, die vom Wald lebt, ohne ihn zu schädigen.« Grüne Möbel, grüne Gummireifen, grüne Öle aus Rinden, Nüssen. Keines der Modelle rechnet sich bisher, noch nicht mal in der Computersimulation, doch sie schaden auch nicht und deshalb fließen die internationalen Gelder. So zaubert der grüne Hightech-Traum in Acre Dollar aus dem Nichts, ähnlich wie es dem Neuen Markt gelang – als vages Versprechen auf die Zukunft.

Natürlich öffnet so viel guter Wille die allerbreiteste Einflugschneise für Betrüger. Für Ökoabzocker wie jene von Forever Green, die sich gefälschte Besitztitel über Regenwaldareale von der Größe dreier Belgien verschafft hatten, um sie an ausländische Naturschutzorganisationen zu verkaufen – eine der Flächen gleich fünf Mal. Das brasilianische Gesetzbuch hat eine überaus treffende Bezeichnung für diese Art des Betrugs: *falsificação ideológica*, wörtlich: ideologische Fälschung.

Doch die Hightech-Kids von Acre sind grundehrlich und liebenswert. Sie bauen sich kleine Häuschen in Flussnähe. Sie schwören auf indianische Medizin. Und an den Wochenenden tankt die grüne Avantgarde spirituelle Energie in den zahllosen Santo-Daime-Kirchen in Rio Branco, deren sanfter, fröhlicher Irrsinn jeden Klotz zu Nächstenliebe und mystischer Naturnähe zu überreden vermag.

Dabei hilft, ganz klar, der legendäre Rauschtee der Indios, ein präkolumbianisches Rezept aus Ayahuasca-Liane und Chacruna-Blättern. Er hat der Kirche, die hier in Rio Branco um die Jahrhundertwende gegründet wurde, einen unglaublichen Popularitätsschub quer durch Brasilien beschert, vor allem bei der jüngeren Kundschaft: high völlig ohne Tech.

Der Gottesdienst beginnt wie eine Methadon-Ausgabe – mit einer langen Schlange weiß gekleideter Gläubiger, die vor dem Teeausschank anstehen. Mit brennenden Kerzen, Litaneien singend, ziehen sie sodann ins Kirchenschiff ein und nehmen, links die Frauen, rechts die Männer, auf den Bänken Platz.

Die Gesänge erinnern von ferne an Gregorianik und die Wirkung des Tees an einen sehr angenehmen, sanften LSD-Trip. »Den indianischen Schamanen«, so der Ethnopharmakologe Christian Rätsch, »zeigt Ayahuasca den Weg zu den Herren der Tiere auf.« Offenbar gilt das nicht nur für Schamanen, sondern auch für Reporter: Tigerflecken und geometrische Schlangenmuster tauchen vor dem inneren Auge auf, ein Schmetterling, und immer wieder Debras Minirock, der absolut nichts verloren hat in diesem magisch-erhabenen Bilderreigen.

Es bleibt zwar schleierhaft, wie sich in dieser Flut angenehmster Rezeptoren-Stimulationen ein ernsthaftes Zwiegespräch mit Gott entfalten soll, doch wen der Rausch nach etwa vier Stunden weichgespült in die schwüle, sternenüberglänzte Tropennacht entlässt, der möchte jeden Baum einzeln umarmen und glaubt ganz sicher, dass »nachhaltige Bewirtschaftung« funktioniert.

Die Amazone

Senatorin Marina, die Schutzheilige des Waldes

Nur die böswilligsten Holzschädel können in den friedlichen Versammlungen der Santo-Daime-Jünger finstere Verschwörer am Werk sehen. Alle kommen hier her: Alte und Junge, Christen und Nichtchristen, Reiche und Arme, und selbst Marina Silva, die Senatorin, ist hier schon gesehen worden: Marina, die Jeanne d'Arc des Waldes.

Wo immer man ihren Namen nennt im Amazonas-Becken, klaren die Gesichter auf. Sie ist die imponierendste Politikerin Brasiliens, und ihre Lebensgeschichte liest sich wie die Legende einer Heiligen, einer Mystikerin aus dem Mittelalter.

Sie wächst im Wald auf, als Tochter eines *seringueiros*, eines Gummizapfers, und der Wald ist für sie mehr als ein Fruchtkorb. »Hier spüre ich Gott«, sagt sie. Als Teenager will sie Nonne werden, doch dann treibt sie das Elend der Armen aus den Klostermauern, sie organisiert Streiks, geht während der Militärherrschaft in den Untergrund und gründet gemeinsam mit Chico Mendes die Gewerkschaft der Gummizapfer.

Sie erobert die politische Bühne im Sturm, eine zarte, schöne Frau mit mächtiger Stimme, eine, die Gedichte schreibt und träumt, aber im Kampf unerbittlich ist. Tatsächlich eine moderne Amazone, unermüdlich unterwegs zu den Siedlungen am Fluss, den Hütten im Wald. Ihr Schlachtruf: »Sag ihnen, dass ich komme.« Mit Rekordmargen wird sie als einzige linke Kandidatin in den Gemeinderat gewählt, dann ins Landesparlament und schließlich 1995 zur Senatorin. Sag ihnen, dass ich komme – die Amazone Marina Silva ist seither der Fleisch gewordene Alptraum für die korrupten politischen Männercliquen in Brasília und weit erfolgreicher als ihre Ahnen im Kampf gegen die Kolonisatoren des Waldes.

Längst agiert sie auf der internationalen Bühne und zum zehnten Jahrestag des Mordes an Chico Mendes kann sie ausrufen: »Wir haben gewonnen, wir haben das Bewusstsein des Landes verändert und das der Welt.« Und sogar das in Acre – drei Viertel der Bevölkerung sind für eine Wirtschaftsentwicklung, ohne den Wald zu zerstören. »Vor zehn Jahren noch wollten sie Straßen.«

Ihr Engagement ist ein Kraftakt, den sie einer geradezu lächerlich schwachen Konstitution abtrotzt. Schon früh musste sie mehrmals gegen Hepatitis behandelt werden, später kam eine heimtückische Metallvergiftung hinzu. Ihr Leben ist ein Wechsel aus politischem Glühen und Krankenhausaufenthalten, aus Protestmärschen und rigorosen Diäten. »Gott hat mir einen starken Geist gegeben«, sagt sie lächelnd, »aber einen schwachen Körper, damit ich meine Grenzen erkenne.« So ähnlich hätte das auch Petra Kelly sagen können.

Sie ist schmal und hat violette Schatten unter den Augen, die vermutlich von ihrer Vergiftung herrühren. Braune Seidenbluse, Holzperlenkette, offene schwarze Haare. Ihr Büro liegt im schäbigen Teil der Stadt, neben einer Kfz-Werkstatt. Nur ein kleiner Verschlag – die vorderen Räume hat sie ihrem Assistenten als Wahlkampfbüro zur Verfügung gestellt. Der ist jung und trägt ein Polohemd und will im Rathaus das Internet für den Kampf gegen die Armut nutzen.

Die neue Generation – lauter Sieger. Marina Silva stört der Rummel. »Lass uns raus hier«, sagt sie. »In den Garten.« Der Botanische Garten hinter dem Platz der *seringueiros* ist auf ihr Betreiben hin angelegt worden, eine grüne Oase. »Marina«, ruft der Kokosmilchverkäufer am Tor, als sähe er eine verschollene Tochter wieder. »Ich komme zu selten hierher«, sagt sie.

Sie spricht über ihre vier Kinder und über ihren Glauben, und plötzlich erklärt sie, dass sie sich bald aus der Politik zurückziehen wird. »Ich bin nicht wichtig, nur ein Punkt in einem Netz.« Die Bewegung sei mittlerweile so stark, sie brauche sie nicht mehr. Und dann erzählt sie von Chico Mendes, von seinem Mut, seinem Humor, und es klingt ein wenig so, als ob sie ihn um Verzeihung bitten wolle dafür, dass sie müde geworden ist.

Plötzlich bleibt sie stehen, neben einem gefällten und zersägten Baum, der vor einer Bambusgruppe auf der Wiese liegt. »Wer hat das gemacht?«, ruft sie. Ihre Assistentin zuckt ratlos mit den Schultern. Der einzige gefällte Baum im Botanischen Garten ist ausgerechnet eine Hevea brasiliensis – ein Kautschukbaum.

Er liegt da wie zu Unterrichtszwecken, ein präpariertes Fossil, an dem die Lehrerin ihren Schulklassen erklärt, wie das einst gewesen ist mit dem Kautschuk.

Und das ist die hinterhältige Pointe im Kampf Marina Silvas, die mittlerweile Umweltministerin in Brasília geworden ist, und Chico Mendes'. Sie haben womöglich den Amazonas gerettet, aber den Kampf um ihre Gummibäume gründlich verloren.

Chico Mendes, das Kondom

Vom trotzigen Aushalten der Gummizapfer

Acre brennt. Rauchschwaden liegen über der Straßenpiste nach Xapuri, und die Felder sehen aus, als hätte es schwarz geschneit. Aus den kokelnden Baumstrünken und geborstenen Stämmen schießen noch kleine Flammen, und in einiger Entfernung liegt der Wald wie eine grüne Festung. Nichts, was Clovis Brasileiro, den vierundfünfzigjährigen Professor, sonderlich nervös machen würde. »Das ist traditionelle Flurbereinigung«, sagt er.

Was hier brennt, ist nicht Primärwald, sondern überwuchertes Weideland. Die Mehrzahl der Brände, die die Weltöffentlichkeit alarmieren, stammt von solchen Rodungen, und die Aufregung darüber ist falscher Naturschützeralarm. »Wichtig ist, dass richtig gebrannt wird.«

Für die Umweltorganisation Amigos da Terra reist Brasileiro mit seinen Beratern durch Acre, spricht mit den Kleinbauern und organisiert Meldesysteme, denn gefährlich sind die Feuer nur, wenn sie außer Kontrolle geraten. »Ideal wäre natürlich, wenn sie ihr Land anders roden«, sagt er, »aber was ist schon ideal auf der Welt?« Er hat gelernt, mit Kompromissen zu leben, und immerhin konnten in letzter Zeit die Brände um fünfundzwanzig Prozent reduziert werden.

Das Verblüffende an Xapuri, dem Pilgerort der sanften grünen Aktivisten: es ist Dodge City, das Gestalt gewordene falsche Bewusstsein. Eine Ansammlung von Holzhütten in Cowboy-Land, fünftausend Seelen an einem schlammigen Ausläufer des Rio Acre, die davon träumen, reich zu werden – und Vieh ist nach Drogen immer noch das beste Geschäft, so viel rentabler als Gummi.

Am Abend findet auf dem Feld hinter der Schule ein Rodeo statt, mit Westernmusik und *pipoca*, Popcorn, und die Helden hier sind keine grünen Waldschützer, sondern Kerle wie Argel Ferreira de Souza in seiner Fransenhose, dem das linke Ohr fehlt, weil eine Kugel im letzten Jahr seine Stirn nur knapp verfehlt hat. Unter trüber Kirmesbeleuchtung besteigt er den Muskelberg eines weißen Zebu-Stiers, das Gatter hebt sich, und dann rast eine Tonne Fleisch in die Arena, die Mädchen kreischen verzückt, und ihre kleinen Brüder reißen bewundernd die Augen auf.

Argel hält sich fünfzehn Sekunden, dann wird er abgeworfen wie eine Feder. Für seinen Einsatz, für den er buchstäblich Kopf und Kragen riskiert, kassiert er fünfundzwanzig Euro, und wenn er gewinnt, noch mal fünfundsiebzig. Er klopft sich den Staub aus der Hose, er keucht, und dann sagt er: »Gummizapfer zu werden kam für mich nie in Frage – die leiden zu sehr.« Was ist schon ein Knochenbruch beim Rodeo gegen ein Leben im Wald!

Die *seringueiros* leiden, und das ist es, was sie als Heilsgestalten im Westen populär gemacht hat. Es ist ihre unendliche Plackerei aus nächtlichem Baumanstich und Sammeln im Morgengrauen und stundenlangem Räuchern der Gummiballen, ihre harte, entbehrungsreiche Waldmenschenexistenz, weit entfernt von allem Zivilisationskomfort. Es war Chico Mendes, der dieses Leiden verkörperte, und seit den tödlichen Schüssen ist er der Martin Luther King des Waldes.

Die Schüsse wurden im Hinterhof eines kleinen, bunten Holzhäuschens am Stadtrand abgefeuert, das heute ein Museum ist. »Hier saß er und spielte Domino«, steht auf dem Schild, das im Wohnzimmer von der Decke hängt. Und über der Tür zum Hof: »Ich gehe jetzt duschen.« Und dann das andere Schild: »Ilsa, sie haben mich erwischt.« Ein Schrotschuss in die Brust – auch der Pyjama mit den blutigen Einschusslöchern ist in einer Vitrine ausgestellt.

Ein rein wirtschaftlicher Interessenkonflikt: Mendes und seine *seringueiros* lebten vom Kautschuk, den sie aus den Bäumen gewannen; der *fazendeiro* Darly dagegen brauchte Viehweiden. Er wollte den Wald niederbrennen, und Chico Mendes stand mit seiner Protesttruppe im Weg. »Empate«, rief Chico, »bis hierhin und nicht weiter.«

Selbst nach den Schüssen auf Mendes und den internationalen Protesten hatte der Killer Freunde in Acre – sie ließen ihn aus dem Knast in

Rio Branco entwischen. Er blieb lange Jahre untergetaucht, lebte mit vier Frauen und ging sogar, wie er nach seiner erneuten Festnahme gestand, unter angenommenem Namen wählen. Er gab seine Stimme Präsident Fernando Henrique Cardoso, denn »der versteht etwas von Wirtschaft«.

Dionisio Barbosa Daquino, ein vierschrötiger alter Caboclo, den sie »Dau« nennen, hat mit Chico gekämpft. »Chico war einfach, er konnte gut singen, er hat viel gelacht – und er war ein lausiger Dominospieler.« Letztendlich hat er wohl gewonnen, meint Dau vorsichtig. Politisch gesehen. »Und das andere muss sich zeigen.«

In Wahrheit sind die *seringueiros* von Xapuri nur noch Ausstellungsstücke. Sicher, sie gehören zum Gründungsmythos der neuen Regierung, und die tut alles für sie. Sie hat den Zapfern eine gewaltige *reserva* zur Nutzung überlassen, mit fast einer Million Hektar das größte Naturgehege des Bundesstaates.

Außerdem hat sie der Gummikooperative eine Verarbeitungshalle auf das freie Feld hinter dem Sportplatz gestellt und den Latexpreis mit vierhundert Prozent subventioniert. Warum eigentlich nicht, die europäischen Regierungen machen das Gleiche mit ihren Bauern, mit Weizen oder Wein oder Butter. Doch gegen den Weltmarkt, das weiß Dau, wird der *seringueiro* auf Dauer nicht ankommen, und trotz aller Subventionen verdient ein Zapfer in einer Woche gerade mal dreißig Euro.

Daus Hoffnung ist ein Engagement der italienischen Firma Pirelli, die Arbeit bringen wird. Sie will aus hiesigem Kautschuk den Autoreifen »Xapuri« herstellen. Weitere Produkte sind denkbar, Schutzhandschuhe etwa oder das Kondom »Chico Mendes« – für den guten Zweck zahlt der grüne Verbraucher im Westen sicher einen Aufpreis.

Doch die Wahrheit ist: Auch die *seringueiros* haben längst entdeckt, dass sich mit Vieh mehr Geld verdienen lässt. Auf dem Weg nach Chapoeira, ins damals umkämpfte Waldstück, treiben sie ihre weißen Zebus, und Chico Mendes' legendäre Siedlung ist heute nur noch eine Art Museumsdorf auf einer Waldlichtung, mit Schule, Kirche und Gästehäusern für internationalen Schulungsbesuch. Mendes' Tante Cecilia brüht frischen Kaffee und erzählt vom Präsidenten, der letztes Jahr hier eine Rede hielt, und Chicos Neffe führt die Besucher in den Wald und lässt sie mit dem Stichmesser an den Fischgräten-Narben der Kautschukbäume herumfummeln. Siehe da, die Milch fließt – aber er macht sich noch nicht einmal mehr die Mühe, eine Konservenbüchse darunterzustellen.

Die Waldmenschen von Chapoeira treffen sich in ihrer kleinen Holzkirche, um der Predigt zu lauschen und vor dem Segen Gemeindeangelegenheiten zu besprechen. Freiwillige für den Kindergartendienst werden gesucht. Keiner meldet sich. Deutlich verärgert stimmt die Gemeindeschwester den Schlusschoral an und hinten steht Karen Kainer und schmettert mit.

Vor acht Jahren hat die amerikanische Biologin bereits einmal hier im Seringal gelebt. Damals hatte sie, für das »Tropical Conservation and Development«-Programm der Universität von Florida, eine Plantage von Paranuss-Bäumen angelegt. Jetzt zieht sie Bilanz. »Die Setzlinge sind eingegangen, weil sich niemand drum gekümmert hat.« Aber sie ist keine Spur wütend. Sie lächelt, wie über Sorgenkinder, die sie liebt. »Es war ein Versuch, mehr nicht.« Und ist es nicht ohnehin absurd, den Wald flachzulegen, um ihn mit Nutzbäumen neu aufzuforsten. Was bleibt? In Zukunft wird man die *seringueiros* für nichts anderes bezahlen als dafür, dass sie im Wald bleiben und ihn in Ruhe lassen. Als Parkwächter im Amazonas, hoch subventioniert wie die Alpbauern in der Schweiz – eine ökologische Trachtengruppe.

Das gelobte Land

Jesuiten und Indianermythen

Der aufregendste Amazonas ist der im Kopf. Von jeher war er die unermessliche Leinwand, auf der Generationen ihre Träume hinterlassen haben. Heldenträume. Entdeckerträume. Träume von Reichtum und Ruhm. Und der schönste von allen: der Traum vom Garten Eden, in dem edle Wilde im Einklang mit der Natur leben, ohne Besitz, ohne Neid. Es gibt keine glühendere Liebeserklärung an den Dschungel als die Essays Montaignes, der nie einen Fuß in diese Breiten gesetzt hat, aber über die Ureinwohner der gerade entdeckten neuen Welt »verlässliche Zeugnisse« hatte: Sie tanzen den ganzen Tag. Sie sind von völliger Reinheit. Sie haben nichts von unserer Verderbtheit.

Natürlich tanzte da nichts außer Montaignes Phantasie. Der Essayist und begnadete Spötter hat die Indios in erster Linie deshalb geliebt, um seine dekadenten Zeitgenossen überzeugender verachten zu können, und der Trick funktioniert bis heute: Grüne Schwärmerei ist immer Gesellschaftskritik – die Welt vor dem zivilisatorischen Sündenfall wird attraktiv in Stellung gebracht gegen die Welt danach.

Allerdings hat der Dualismus das Problem, dass er nicht stimmt. Er ist ungerecht, sowohl gegen die Zivilisation wie gegen den Dschungel. Als der Rockstar Sting 1989 mit dem tellerlippigen Kayapó-Häuptling Raoni auf Welttournee ging, griff das Spendenpublikum gerührt zu den Schecks, denn es ging darum, den Regenwald zu retten und damit den Indios einen Teil jenes Paradieses zurückzugeben, aus dem sie einst vertrieben worden waren. Zwei Jahre später wurde Raoni dabei ertappt, wie er illegal geschlagene Edelhölzer im Wert von hundertfünfzig Millionen Dollar aus genau diesem Paradies verschob, und das Publikum wendete sich enttäuscht ab. Ein Argument gegen die Reservate? Ganz sicher nicht. Aber eines gegen die grüne Verkitschung.

Insofern war die katholische Kirche immer schon aufgeklärter als die Aufklärer, da sie predigte, dass es das Paradies auf Erden nicht geben kann – selbst das Gelobte Land, das als biblischer Trostpreis auf Erden versprochen wurde, erweist sich nun ja als düstere, blutige Hypothek. Der Mensch ist sündig, egal wo er lebt.

Von allen Entdeckern im brasilianischen Indianergebiet gehörten die Missionare von jeher zu den furchtlosesten, und ihre Bekehrungsglut hielt sogar die Gier der Dschungelplünderer in Schach – lange Jahre war die katholische Kirche Schutzmacht der Indios gegen die kolonialen Sklavenjäger. Zu einem Preis allerdings, den viele heute als beschämende Hypothek empfinden – sie zertrümmerte die Stammestraditionen, löste die *malocas* auf, tauschte Macheten gegen Seelenheil.

Nun sind es junge Padres, die diese Fehler wieder gutmachen wollen. Sie beleben ihre Gottesdienste mit indigenen Ritualen und steigen umso mutiger auf die Barrikaden, je mehr die Kirchenschiffe sich leeren – ganz besonders in São Gabriel, der Hauptstadt im Indianerland. Mit einem letzten dramatischen Bibelzitat hatte sich Padre Nilton am Nachmittag an seine Hörer im Dschungel gewandt, aus seiner wunderschönen Basilika, die wie eine koloniale Festung hoch über den Stromschnellen des Rio Negro thront.

»Gott aber vernahm die Stimme seines Volkes …«, donnerte er ins Mikrofon seines illegalen Senders hinter der Sakristei, und dann drehte ihm die Polizei den Saft ab.

Eine anonyme Anzeige, schon wieder, aber Padre Nilton kann sich denken, wer dahinter steckt. Vielleicht hätte er nicht sagen sollen, dass der gottlose Kandidat Cardoso seine Rechnungen nicht bezahlt, und das drei Tage vor der Bürgermeisterwahl?

Egal. »Wir sind bald wieder auf Sendung«, versichert der Padre ein paar Stunden später, angriffslustig und bestens gelaunt zwischen den Karussells auf dem Kirchenvorplatz, wo die Indios der Gemeinde das Fest des Namenspatrons feiern. Padre João, der Dessano-Indio, nickt. Gott wird sein Volk nicht vergessen.

Ein Kreuz mit dem Motto »Komm, sieh und verkünde« strahlt unter farbigem Glühbirnenkranz in die Nacht, die nach einem Wolkenbruch dampft und schwanger ist mit den ausgewaschenen Pflanzendüften des Waldes. Bruder Stefano, zu Besuch aus Bahia, prahlt an einer Stockfischbude damit, wie er einmal fast gelyncht worden wäre. »Die Stimme des Volkes ist manchmal eben unbequem für die Herrschenden.«

Die Herrschenden? Diese paar Hängemattenverkäufer in einem Städtchen von fünftausend Einwohnern? Der Wahlkampf, den sie führen, ist ein hingerissen zelebriertes Kriegsspiel, in dem ein paar radikale Priester mitmischen und ein Krämer das finstere Großkapital darstellt. Ein politischer Boi Bumbá mit Feuerwerken und Lautsprecherkolonnen und lauter weißen Kandidaten, weil die Indianersippen untereinander so zerstritten sind, dass kein Maku je einen Tukano zum Bürgermeister wählen würde.

Nun werden sich die Baré und Maku und Dessano in ihren Hütten draußen in der Dschungelnacht fragen, was da wieder los ist in São Gabriel. Die »Stimme des Volkes« ist plötzlich verstummt, und man kann nur hoffen, dass die Tukano am oberen Flusslauf noch mitbekommen haben, dass deutsche Reporter zu ihnen unterwegs sind.

Das Volksradio ist nämlich nicht nur die institutionalisierte Brandstifterei der Befreiungstheologen von São Gabriel, sondern auch die einzige Nachrichtenbrücke zu den Indiosiedlungen der Schwarzwasserflüsse, in diesem endlosen Dschungelgebiet vom wolkenverhangenen

Pico Neblina bis hin zur Grenze nach Kolumbien, das man »Hundekopf« nennt, weil es auf der Karte genau so aussieht.

Dabei geht es nicht nur um die Sicherheit der Reporter, die unter dem Schutz der Indianerbehörde Funai stehen, sondern auch um die der Indianer. Es ist noch nicht lange her, dass dieser verrückte Deutsche Rüdiger Nehberg ohne Funai-Erlaubnis die Gegend unsicher gemacht und darauf bestanden hat, Ameisen zu essen und Indianer zu retten.

Retten, ausgerechnet hier? Das Land, das den Indianern einst geraubt wurde, gehört seit ein paar Jahren wieder ihnen. In den achtziger Jahren war das 5. Dschungelbataillon der Indiosoldaten erheblich ausgebaut worden. In den neunziger Jahren warf man die letzten weißen Goldschürfer hinaus und erklärte das Gebiet, so groß wie drei Belgien, zum Indianergebiet. Es ist das größte im Amazonas.

Die Hauptstadt: vier asphaltierte Straßen mit Kirche und Missionskolleg, Armeeläden und Indianerbüros, eine Flusspromenade mit Buden und Orchideen, die aus rostigen Butterfässern treiben. Hier wirft dir der Taxifahrer die Schlüssel zu und ruft »fahr selber«, weil er lieber einen trinken geht. Wo soll man auch hin? São Gabriel ist nur über die Luft oder das Wasser zu erreichen.

Es ist Indianerland, und für Sergeant Severino, der aus dem Süden hierher versetzt worden ist, ein lebensfeindlicher Planet. Ihn hauen die

Orientierungsmärsche im Dschungel, ausgerüstet mit nichts als Kompass und Messer, regelmäßig um. Und die Indios in seinem Trupp? »Die legen zu – für die ist das Erholung vom Barackendienst.«

In seiner Freizeit schneidet er seinen Freunden die Haare, auf einem echten Barbierstuhl, den er aus Manaus mitgebracht hat. Danach sitzt er mit ihnen zusammen vor seiner selbst gezimmerten Hütte auf der Bank, trinkt Matetee, starrt in den Dschungel und träumt vom Meer. Über dem Rambo-Plakat tickt eine Uhr, auf deren Sekundenzeiger ein kleiner Schmetterling geklebt ist. Immer die gleichen Runden unter Glas. Fünf Jahre hat der Sergeant noch abzusitzen. »Ich bin hier nur Gast«, sagt er.

Und sie sind wieder die Hausherren des Waldes, die Tukano und Maku, die sich schon in den Haaren lagen, als Pizarros Leute den Rio Negro herunterschipperten. Und die Arawak, die immer tiefer in den Dschungel getrieben wurden von weißen Eindringlingen, deren Expeditionscorps sie niedermetzelten und deren Priester ihnen das ewige Leben versprachen. »Zuerst fallen die Soldaten auf die Knie«, schrieb Amazonas-Forscher Alexander von Humboldt, »dann fallen sie über die Indianer her.« Hier – und nicht bei dämlichen Bäumen – ist der Begriff »Holocaust« angebracht.

Doch das ist blutige Vorgeschichte. Nun ist São Gabriel ein grüner Triumph: geschützter Wald, geschützte Indianer. Und die Population wächst. Einst sollen fünf Millionen Indios in Brasilien gelebt haben. Ende der achtziger Jahre dagegen hätten die verbliebenen Reste in Rios Maracaná-Stadion Platz gehabt. Doch nun nimmt ihre Zahl wieder zu, zum ersten Mal seit fünfhundert Jahren, was von den Regierungsbeauftragten in Brasília so entzückt quittiert wird wie ein erfolgreiches Wiederaufforstungsprogramm.

Nun kann Padre João den dreißig Frauen und zwei Hunden in der Basilika in der Abendandacht Jeremias 31,2 zitieren: »Das Volk, so übrig geblieben ist vom Schwert, hat Gnade gefunden in der Wüste.« Gott hat sein Volk schließlich heimgeführt.

Doch hat ein anderer Exodus begonnen – der ins 21. Jahrhundert. Nun liegt das indianische Offizierskasino mit seiner Parabolantenne über dem Strom wie der steingewordene Triumph auch über die eigene Mythologie: Im Innern des Hügels, so die Sage, wohnt eine Riesenschlange, die ihre Opfer unter den spielenden Kindern am Strand sucht. Früher hat Cabo José Maria Nascimento, der hier die Baracke schrubbt, einen großen Bogen geschlagen um diesen Hügel – heute ist die Schlange nur eine verblassende Legende aus seiner Jugendzeit.

Und im Colégio São Bosco organisiert die junge Raquel Medo vom Stamm der Dessano den Unterricht für die vierhundert Indiosiedlungen im Dschungel, der auf die Jagdzeiten abgestimmt ist. »Im März und April, wenn die

Flüsse fischreich sind, fällt er aus.« Trotz dieser Handicaps absolvieren siebzig Prozent aller Indiokinder die Grundschule. São Gabriel ist eine Erfolgsstory, auf die schon der letzte Präsident immer wieder stolz hingewiesen hatte.

In der Discothek »Luizinho« am Ufer hämmert der gleiche Technopop, der auch in Düsseldorf zu hören ist, und die Kriegsbemalung der Indioteenager besteht aus Lippenstift und Mascara. Jetzt hat sogar ein Internetcafé aufgemacht: »Porango«. Das ist Tukano und heißt »schön«.

Da können die radikalen Padres noch so viel indigenen Budenzauber in ihrer Kirche entfalten – das gelobte Land, von dem in ihren grünbewegten Predigten so viel die Rede ist, liegt nicht im antikapitalistischen Wald, sondern in der merkantilen Stadt. Tradition? Warum, fragen sich die Teenies, haben sie unseren Großeltern genau diese Traditionen ausgetrieben, die sie nun beschwören? Nun, wo die neue Party beginnt, Spaß zu machen, sollen wir zurück in die *maloca*? Nie im Leben!

Die Trauer über die verlorene Waldunschuld hält sich bei den Indioteenagern durchaus in Grenzen. Sie ist eher bei Reiner und Michaela zu finden, zwei Medizinstudenten aus Würzburg, die, idealistisch in ihren Batikhemden dampfend, bei einer der Gesundheitsstationen aushelfen. Sie schwärmen von indianischer Naturmedizin. Eines allerdings hat Michaela verstört: »Die Indios sind auch irgendwie total patriarchalisch.« Das kriegt sie hier mit: »Die Typen schwingen das große Wort, und die Frauen hocken in der Ecke.« Pfui.

Das ist wohl das Schicksal der Indios: Sie können es niemandem recht machen, weder ihren Feinden noch ihren Helfern. Was würde Michaela erst sagen, wenn sie erführe, dass die noch naturnäheren Aguaruna vom oberen Marañón das Hymen ihrer Töchter herausreißen und es essen, wenn sie zum ersten Mal bluten?

Nein, die Indios im Hundekopf-Gebiet sind auf dem Weg in die Moderne. Und damit ist es Zeit, die Verluste zu mustern.

Der Dschungelpionier

*Über Alexander von Humboldt, der den oberen Rio
Negro erforschte*

Wir hatten uns vor dem Tropenregen, der den
Budenbetrieb auf dem Kirchenvorplatz von São
Gabriel de Cachoeira in Sekunden in Schlamm
versacken ließ, ins Kollegium geflüchtet. Einige
spanische Padres waren zu Besuch hier in der
Missionsstation am oberen Rio Negro, und einer
von ihnen sprach uns, als er mitbekam, dass wir
Deutsche waren, auf Alexander von Humboldt
an. Voller Bewunderung.

»Was für ein Gelehrter, was für ein vollkom-
mener Mensch«, rief er überschwänglich aus.

Einer der ansässigen Padres brachte kurz
darauf aus der Bibliothek einen wurmstichigen,
von Insektendreck gesprenkelten Folianten her-
bei, der Auszüge aus Humboldts Reisenotizen
aus dem Rio-Negro-Gebiet auf Spanisch ent-
hielt und jenes berühmte romantisierende Bild,
auf dem der deutsche Klassiker in tadelloser
gelber Weste unter Urwaldbaumriesen abgebil-
det ist.

Als forschender Poet hat Humboldt an diesem Bild vielleicht Gefallen gefunden, als Abenteurer und Wissenschaftler hingegen hat er sich
sicher darüber schief gelacht, denn die Strapazen, denen er sich damals ausgesetzt hatte, wa-

ren so enorm, dass gelbe Westen dabei bestimmt nicht blütenrein blieben.

Er hatte vor über zweihundert Jahren die Verbindung der beiden großen lateinamerikanische Flusslandschaften gesucht und gefunden: den Kanal Casiquiare, der vom Orinoko aus senkrecht nach Süden in den Rio Negro fällt und ihn so mit dem großen Amazonas-Stromsystem verknüpft.

Je weiter er nach Süden reiste, desto dichter wurde der Wald, notierte er. »Die Nächte wurden immer finsterer, je näher wir dem Rio Negro und dem Innern Brasiliens kamen.« Vor allem regnete es ständig. Bonpland, Humboldts Reisegefährten, »gingen die Exemplare, die er mit künstlicher Wärme zu trocknen versuchte, größtenteils zugrunde«.

Wir waren froh an diesem Nachmittag, dass wir im Trockenen saßen, wenn auch die Kleidung stets feucht bleibt in diesen Breiten. Der Regen prasselte auf die Dachschindeln und ergoss sich von dort wie ein silberner Vorhang vor der offenen Aufenthaltshalle hinab.

Wir tranken Matetee und aßen süße Kekse, und Padre Jorge aus Madrid erinnerte daran, dass es der spanische König gewesen war, der Humboldt mit einem Freibrief ausgerüstet hatte für sein großes südamerikanisches Abenteuer.

Ein Abenteuer, das die Salons und Bürgerstuben in Europa vor zweihundert Jahren in Atem gehalten hatte. Als Humboldt 1804, nach fünfjähriger Amerikareise, europäisches Festland betrat, wurde er gefeiert wie ein Wiederauferstandener.

Bereits mehrfach war er von den Zeitungen für tot erklärt worden. Pariser Blätter behaupteten, er sei von den Indianern Nordamerikas getötet worden, der *Hamburger Korrespondent* meldete, er sei in Acapulco am Gelbfieber gestorben.

Doch Humboldt lebte, und er glänzte. Er kehrte zurück als romantischer Eroberer.

Das Erstaunliche dabei: Er hatte keine Völker unterjocht, sondern Schmetterlinge gefangen. Seine Geländegewinne warfen nichts ab an Gold, an Sklaven, an Schürfrechten – sie galten ausschließlich dem Weltwissen.

Dabei waren seine Feldzüge, na ja: seine schmalen Expeditionstrupps, durchaus strapaziöser als manche militärische Erstürmung. Er hatte Urwaldströme befahren und den damals höchsten bekannten Berg, den Chimborazzo, bezwungen. Er war gleichzeitig Extremsportler und universeller Gelehrter.

Er war fünfunddreißig und sah äußerst »einnehmend« aus, wie die Salondamen damals tuschelten. Hohe Stirn, blaue Augen, vollendete Manieren. Er hatte Witz und Verstand und an den Stulpenstiefeln den Lehm des Rio Negro, was für eine Mischung. Er hatte die unwiderstehliche Aura des Abenteurers.

Er war genauso alt wie Napoleon. Er war genauso berühmt wie Napoleon. Und er war einen Kopf größer.

Napoleon mochte ihn nicht. »Er war voller

Hass gegen mich«, notierte Alexander von Humboldt. Das Zusammentreffen der beiden verlief eher knapp und Napoleons Tiefschlag war klassisch: »Sie beschäftigen sich mit Botanik? Auch meine Frau betreibt sie!«

Sicher, der statistische Vergleich fiel zunächst zuungunsten des deutschen Pazifisten aus. Napoleon hatte ein paar Völker unterworfen, den Kirchenkampf beendet, Europa befriedet und stand kurz vor der Kaiserkrönung, die er an sich selbst vorzunehmen gedachte.

Humboldt dagegen konnte lediglich fünfundvierzig Kisten mit gepressten Blättern aus dem Regenwald vorweisen, mit ausgestopften Vögeln und Stapeln von Manuskripten voller Berechnungen und Karten.

Seine Zeichnungen allerdings, die waren sehr schön.

Um es mit einem Wort zu sagen: Humboldt war der zugleich strahlendste und mutigste und sanfteste Held, den Deutschland je hervorgebracht hat. Humboldt, der Entdecker, der Kosmologe, der Weltbürger – wenn es einen Vorzeigehumanisten geben sollte in diesen Tagen, dann ihn. In diesen Zeiten, in denen Folter und Massenmorde das großartige Projekt der Aufklärung täglich annihilieren, leuchtet aus Humboldt das, was der Mensch sein kann.

Der amerikanische Philosoph Ralph Waldo Emerson verglich ihn mit Aristoteles und Cäsar und nannte ihn »eines jener Weltwunder, die von Zeit zu Zeit auftauchen, so als wollten sie uns die Möglichkeiten des menschlichen Geistes vorführen, die Kraft und den Rang seiner Fähigkeiten – einen universellen Menschen«.

Humboldt hat Friedrich dem Großen, Goethe, Thomas Jefferson, Napoleon die Hand geschüttelt, aber in der *ZDF*-Hitparade »unserer Besten« rangiert er auf Platz einundsechzig. Das ist knapp hinter dem Formel-1-Fahrer Hans-Harald Frentzen, aber noch vor Campino von den »Toten Hosen«. Da ist also noch Luft nach vorne, müssen sich die Verleger Enzensberger-Greno gesagt haben, als sie unlängst Humboldts Schriften neu herausbrachten.

Sie hatten die bisher nie auf Deutsch erschienenen »Ansichten der Kordilleren und Monumente der eingeborenen Völker Lateinamerikas« in einer prachtvollen, fernverrückten Ausgabe gedruckt sowie Humboldts Hauptwerk »Kosmos«, das prompt den Sprung in die Bestsellerlisten schaffte.

Humboldts Rückkehr unters große zeitgenössische Publikum ist die Rückkehr eines Ausnahmemenschen, für den Wissen und Abenteuer immer zusammengedacht waren.

Im ursprünglich fünften Band des »Kosmos« bricht das Manuskript ab, inmitten einer Meditation über den Granit, über Versteinerungen, als sei der Alte von seiner eigenen Monumentalisierung eingeholt worden. In den Skizzen zu diesem Kapitel findet sich ein Wort aus der Genesis. »Also war vollendet Himmel und Erde mit ihrem ganzen her.«

Alexander von Humboldt, der Ausnahme-
deutsche, war der Schöpfung auf der Spur und
war in seiner Wissenswelt selbst zum Schöpfer
geworden. Sein »Kosmos«, der sollte, wie der
göttliche, voller Ordnung und Schönheit zugleich sein.

Es war Alexander von Humboldt, 1769 geboren, der die Fenster zur Welt aufgerissen hatte in
jenem vermufften, verspießerten Berlin, das
außerhalb der jüdischen Salons der Rahel Varn-
hagen und der Mendelssohns absolute geistige
Steppe war.

Der naturwissenschaftliche Vorlesungsbetrieb
ließ, um es moderat zu sagen, durchaus zu
wünschen übrig. Es gab einen Professor, der die
Sonne als eine Art Küchenofen erklärte, und
ihre dunklen Flecken als Rußhaufen, während
ein anderer dafür meinte, die Pyramiden seien
in Wahrheit Vulkane.

Ziemlich früh entschied sich Alexander von
Humboldt, beidem auf die Spur zu kommen,
der Sonne wie den Pyramiden, und er wollte
sich nicht auf Mutmaßungen verlassen, sondern
auf Berechnungen. Und auf Reisen.

Seine Phantasie hatte sich entzündet an den
Beschreibungen Forsters, der Captain Cook auf
seinen Weltumseglungen begleitet hatte. Von
politischen Idealen ließ er sich durchaus forttra-
gen – mit Forster zusammen erlebte er, als Ein-
undzwanzigjähriger, den nachrevolutionären Ei-
nigungs- und Befreiungstaumel in Paris, den
ganzen Enthusiasmus und aufgerissenen Hori-

zont einer neuen Zeitrechnung, bevor der Aufbruch im sinistren Takt der Guillotine ertränkt wurde.

Seine Kindheit beschreibt Alexander als »trübe und öde«. Seine Mutter ist gefühlskalt. Immer will er diesem Tegeler Familiensitz entrinnen, von dem aus er Briefe in alle Welt hinausschickt, die er unterzeichnet mit den Worten »Schloss Langweil«.

Sein Bruder Wilhelm liebte ihn, mit leichtem Tadel: Alexander, schreibt er, sei geltungssüchtig und müsse immer im Mittelpunkt stehen. Allerdings: Kaum einer verstand es, den Mittelpunkt so prächtig auszufüllen. Es war schwierig, ihn in einem überfüllten Raum zu übersehen. Er wirkte auf Männer und auf Frauen. Er war ein Götterkind, ein lautes.

Er interessierte sich für alles, und ganz besonders für Geologie: Bereits mit dreiundzwanzig war er Oberbergmeister und übersah die Minen des Reiches, deren Erträge er, aufgrund genauer Berechnungen und Modernisierungsvorschläge, enorm steigerte.

Es war eine noch mittelalterliche kleindeutsche Welt, die er rastlos in seinen Kutschen durcheilte, eine, die in oben und unten, in Junker und Bauern aufgeteilt war und Schlafmützen in allen Lagern hatte. Bis auf Goethe und Schiller, jene Leuchttürme in Jena und Weimar, deren Kegel die Humboldtbrüder durchaus interessiert erfassten.

Wilhelm Humboldt, der Sprachforscher, war

wohlgelitten. Bruder Alexander, der Unruhige, schlug ein wie ein unkontrollierter Blitz. An ihm schieden sich die beiden großen Weimarer Geister. Goethe, der Naturforscher, schrieb seinem Herzog: »Sie können in einer Woche nicht so viel aus Büchern lernen, wie er ihnen in einer Stunde erklärt.«

Schiller dagegen, der idealistische Naturschwärmer, sah bei »allem ungeheuren Reichtum des Stoffes, eine Dürftigkeit des Sinnes«, sowie »nackten schneidenden Verstand, der die Natur, die immer unfasslich und in allen ihren Punkten ehrwürdig und unergründlich ist, schamlos ausgemessen haben will«.

Womit der edle Schiller natürlich völlig Recht hatte. Wenn Humboldt irgendetwas wollte in dieser halbdunklen, von Mythen und theologischen Erwägungen durchwobenen Welt und seinen gottgefälligen Naturbetrachtungen, dann war es das: schamlos ausmessen. Hinausgehen, selbst erleben. Reisen, in fremde Kontinente, auf Berge und in den Regenwald, unter die Indios gehen, Fieber ertragen und Mücken, um zu entdecken. Höhenkegel anfertigen. Gesteinsproben entnehmen. Blätter sammeln.

Ende 1769 stirbt seine Mutter, gerade zur rechten Zeit, wie man herzlos anfügen muss, denn sie hinterlässt das Vermögen, das Humboldt nun finanziell völlig unabhängig stellt. Bei so was gibt es immer zwei Möglichkeiten. Man benutzt sein Wissen, um das Geld zu mehren, oder das Geld, um sein Wissen zu mehren.

Was von Humboldt zu lernen ist, ist auch das: seinen Traum, wie immer er aussehen mag, mit allergrößter Zähigkeit zu verfolgen, und selbst wenn es letztlich in den finanziellen Ruin führt.

Humboldts Traum ist nichts Geringeres als die Welt. 1799 rüstet er für seine erste große Expedition. Eine Audienz beim spanischen König verschafft ihm einen Freibrief mit Zugang zu allen spanischen Besitzungen in der Neuen Welt. Humboldt hält, unverhofft, den goldenen Schlüssel zu Amerika in den Händen.

Die folgende Reise ist das Kernunternehmen seines Lebens. Humboldt ist nichts ohne diese Reise. Sie ist sein »Faust«, sein »Don Giovanni«, seine »Relativitätstheorie« – sie ist die Rechtfertigung seiner irdischen Existenz. Mit ihr, mit diesem Unternehmen, hat er die Welt berührt.

Bewunderer – wie Padre Jorge in jener Missionsstation am Rio Negro – sprechen später von der »zweiten Entdeckung Amerikas«. Fünf Jahre sollte die Reise dauern, doch die Auswertung wird die restlichen fünfunddreißig Jahre seines Lebens in Anspruch nehmen und sein ganzes Vermögen verzehren.

Humboldts Abenteuertrip ins Ungewisse beginnt mit einer Art Auflockerungstraining. Er führt rund fünfzig Instrumente mit, Sextanten, Längenuhr und Teleskope, Inklinometer für geomagnetische Messungen, Hygrometer und alles, was damals state of the art und für teures Geld zu kriegen war.

Er gibt ein wenig an. Er nimmt Vermessungen und Klimabestimmungen des Pico del Teyde in Teneriffa vor und legt dabei eine kleine sportliche Sonderzugabe hin. Er besteigt den Vulkankegel, der ihm den Frack versengt, in fünfzehn Stunden ohne nennenswerte Verschnaufpausen.

Beobachtet wird er dabei von den Damen der Gesellschaft über Fernrohre, die er selbst zur Verfügung stellt. Die Damen übrigens zeigen sich darüber hinaus entzückt von weiteren interessanten Gerätschaften des jungen Adligen, besonders von dessen Mikroskop: Sie können damit die Flöhe in ihren eigenen Haarflechten beobachten.

Die sich anschließende zwanzigtägige Überfahrt zur venezolanischen Küste findet auf einem übel ausgestatteten spanischen Seelenverkäufer statt, auf dem, als auf Höhe der Antillen die Hitze unerträglich wird, Typhus ausbricht.

Humboldt muss feststellen, dass noch nicht einmal chininhaltige Chinarinde mitgeführt worden war. So beklagt die Expedition ein frühes Todesopfer, einen armen asturischen Jungen, den seine Mutter in die Neue Welt geschickt hatte, damit er dort sein Glück finde.

Indianer, stoische Bronzefiguren in Einbäumen, lotsen den spanischen Schoner in den Hafen von Cumana. Doch bevor Humboldt von Bord geht, setzt er sich mit einem der Indianerhäuptlinge zusammen und unterhält sich mit ihm, auf Spanisch, über die Wunder, die vor ihm liegen. Ein beschwörender, glänzender Vorgriff auf Heldentaten unter dem Kreuz des Südens, dem endlosen Tropenhimmel.

Womöglich hat Napoleon, am Vorabend entscheidender Schlachten, ähnliche Gespräche geführt. Doch Napoleon hatte nur Generäle bei sich, mit denen er über Proviant und Truppenstärken sprach, Humboldt dagegen einen gemeinsamen Träumer am Vorabend seines lebensentscheidenden Aufbruchs, der mit ihm die Poesie des Forschers teilt: die Vision einer allumfassenden Natur.

Im Zweifelsfalle ist Humboldts Traum der kühnere.

Und von diesem vorgreifenden Traum, diesen imaginierten Reichtümern schwärmt er seinem Bruder in einem Brief vor, von der ganzen tropischen Üppigkeit, die er vor sich sieht. »Wunderbare Pflanzen, Zitteraale, Tiger, Armadölle, Affen, Papageien … Welche Bäume! Kokospalmen, 50–60 Fuß hoch.«

Nach der Erkundung der geheimnisumwitterten Höhlen von Cumunai rüstet Humboldt zum großen Abenteuer schlechthin: zur Beschiffung des Orinoko, zur Lokalisierung jenes vermuteten Zusammenflusses zu den Schwarzwassergebieten des Amazonas.

Wer sich je auf den stinkenden, moskitoverseuchten Wasserstraßen durch den Regenwald gekämpft hat, weiß, dass das Ganze mit Romantik nichts zu tun hat, sondern mit Fieber, mit Parasiten, mit unnennbaren Strapazen.

Es regnet jeden Tag, Stunde um Stunde, bis

zur absoluten Zermürbung. Man lernt, von Nüssen zu leben und von Maden. Gelegentliche Delikatesse ist das glitschig weiße Alligatorfleisch. Humboldt aß Affenfleisch. Umso erstaunlicher, dass Humboldt, der in seiner Jugend kränkelte, geradezu aufblüht. »Nie«, notierte er in seinem Tagebuch, »habe ich mich in meinem Leben gesünder gefühlt.«

Manchmal fällt das schiere Atmen schwer, weil man Moskitos verschluckt. Moskitos überall. Sie fressen einen bei lebendigem Leibe. Es gab zu Humboldts Zeiten keine Netze, keine Mittel, sich einzureiben. Zum Schlafen graben sich die Expeditionsmitglieder ein und legen sich ihre Hemden über den Kopf.

Parasiten fraßen sich unter die Haut, in langen Kanälen, um dort ihre Eier zu legen. Sie wurden von geduldigen Indiofrauen in stundenlangen Prozeduren mit langen Dornen freigestochen.

Was muss es für eine Erleichterung gewesen sein, auf eine Missionsstation gestoßen zu sein, wie wir es mit São Gabriel erlebt hatten.

Humboldt notiert: »Sobald wir aus dem Pimichin in den Rio Negro gelangten und durch den kleinen Katarakt am Zusammenfluss gegangen waren, lag auf etwa einen Kilometer die Mission Maroa vor uns. Dieses Dorf mit hundertfünfzig Indianern sieht so sauber und wohlhabend aus, dass es angenehm auffällt. Wir kauften daselbst schöne lebendige Exemplare einiger Tukanarten, bei denen sich die Intelligenz wie bei unseren zahmen Raben entwickelt.«

Von dieser Stelle des Flusssystems aus, errechnet sich Humboldt, wäre eine Weiterfahrt stromabwärts hin zum Amazonas durchaus in Frage gekommen. »Wir hätten dann den Amazonas-Strom hinab bis zur Küste von Brasilien nicht viel mehr Zeit gebraucht, als um über den Casiquiare und den Orinoko an die Nordküste von Caracas zurückzukehren.«

Allerdings tritt er von diesem Plan zurück, denn der portugiesisch-brasilianische König Dom Pedro hatte verfügt, Humboldt zu verhaften, sollte man auf brasilianischem Gebiet seiner habhaft werden. Der Grund? Man witterte in Humboldt einen Spion in spanischem Auftrag oder gar dem Napoleons.

»In diesen öden Wäldern hatte man Vermessungsinstrumente nie anders als in den Händen der Grenzkommission gesehen, und die Unterbeamten der portugiesischen Regierung hatten bis dahin so wenig als der gute Missionar, von dem in einem früheren Kapitel die Rede war, einen Begriff davon, wie ein vernünftiger Mensch eine lange beschwerliche Reise unternehmen kann, um ein Land zu vermessen, das nicht ihm gehört«.

Man kann Humboldt buchstäblich lächeln sehen, während er dies in sein Tagebuch schreibt, und kopfschüttelnd fährt er fort: »Es war der Befehl ergangen, sich meiner Person und meiner Instrumente zu versichern, ganz besonders aber der Verzeichnisse astronomischer Beobachtungen, welche die Sicherheit der Staaten so sehr gefährden könnte.«

Doch Humboldt war mit seiner Ausbeute zufrieden: Er hatte gesammelt und notiert und später dreitausendachthundert Arten verschiedener Pflanzen identifiziert. In seinen Tagebüchern pflegt Humboldt einen nüchternen Stil. Er war Wissenschaftler genug, um Romantisierungen gegenzuwirken: »Man macht sich im Allgemeinen nicht klar, dass die uralten Wälder in Südamerika, die so fruchtbar scheinen, tatsächlich eine Art Wüste sind und dass es durchaus möglich ist, dort zu verhungern.«

Er hat seinen eigenen Körper zur Beobachtungsstation für Gifte und Halluzinogene gemacht. Es gab kaum etwas, das er nicht an sich selbst ausprobiert hätte. Das berüchtigte Niope, notierte er, erzeuge Wahnsinnszustände. Das Pflanzengift Curare, das Schweine innerhalb von sechs Minuten tötet, schmecke dagegen angenehm bitter – man müsse nur darauf achten, keine offenen Stellen im Mund zu haben.

Einmal hatte sich einer seiner Socken versehentlich mit Curare voll getränkt, er war gerade im Begriff, ihn sich über seinen mit aufgekratzten Flohstichen wunden Fuß zu ziehen – knapp entging er dem Tod. Beileibe nicht das einzige Mal.

Den rousseauschen edlen Wilden traf er durchaus, doch der war gewöhnungsbedürftig. Einer erklärte ihm stolz, wie er seine Frau gemästet hatte, um sie anschließend zu verspeisen. Er stieß auf Kannibalen, er stieß auf Skelette und er blieb dabei von geradezu kaltschnäuzigem wissenschaftlichen Interesse. Die Natur war grausam und schön zugleich, und sie interessierte ihn.

Padre Jorge, der sich zu den linken Befreiungstheologen rechnete und über »seinen Verein«, die katholischen Kirche, die oft an der Seite der Kolonialisten auftrat, durchweg kritisch sprach, rühmte an jenem Nachmittag Humboldt als sanften Völkerverständiger.

»Er hat nie jemanden totgeschlagen im Zeichen des Kreuzes. Er hat mit den Indios geredet, nicht, um sie zu bekehren, sondern um ihre Alphabete zu studieren, ihre Mythologien zu erkunden.«

So saßen wir zusammen und sprachen bewundernd von einem, der diese Strapazen ohne alle Klagen auf sich genommen hatte und nicht von Gier oder Herrscherallüren getrieben war, sondern von der schieren Faszination über Gottes Schöpfung.

Dazu ein Mann, der die praktische Erkundung allem Gerede vorzog. Das übrigens war, mit einem Wort, der Unterschied zwischen Humboldt und Hegel. Letzterer erklärte die Welt vom Schreibtisch aus. Humboldt zog hinaus und vermaß sie. Hegel in seinem Vorlesungssaal hielt den neuen Kontinent für eine »schwächliche Angelegenheit«. Humboldt, der Wissenschaftshaudegen, machte vor, dass man ein Kerl sein musste, um in ihm zu bestehen.

Dem Regenwaldabenteuer folgte der Höhenrausch. Vor Humboldts Besteigung des Chimborazzo, des höchsten damals bekannten Berges, müssten Extremsportler noch heute den Hut ziehen: Er trug seinen Frack. Gegen die Kälte hatte er sich einen Poncho übergeworfen. Die Stulpenstiefel hatten sich bald mit Schneewasser voll gesogen, zudem litt er an einer schmerzhaften Fußverletzung. So stieg er, manchmal auf allen vieren, über einen kaum dreißig Zentimeter breiten Grat bergan.

Der Gipfel blieb unerreicht, da der Grat kurz unterhalb des Kraters weggebrochen war. Doch er hielt den Höhenweltrekord für immerhin dreißig Jahre. Und typisch für ihn war, dass er seine Notizen machte: In welcher Höhe er den letzten Schmetterling antraf, und welche Form die Hagelbrocken hatten, die sie beim Abstieg überraschten.

Sein Leben lang war Humboldt beseelt von den Idealen der Aufklärung, und er wird bis heute vor allem von lateinamerikanischen Linken als Ikone verehrt. Man behauptet, dass er Bolivar zur Befreiung des Kontinents von spanischer Herrschaft inspiriert habe.

Tatsächlich hatte Humboldt Bolivar in Paris getroffen. »Der Kontinent ist reif für die Befreiung«, soll er gesagt haben. »Es fehlt nur derjenige, der das Werk ausführt.« Zwei Jahre später führte Bolivar den erfolgreichen Aufstand gegen die Spanier an und ließ sich zum Protektor Großkolumbiens krönen. Und setzte, das ist die blutige Ironie der Geschichte, eine endlose Kette von Revolten und Putschen, die blutgetränkte Tradition des Caudillismo, in Gang.

Humboldt, der Weitgereiste, der Diplomat, tafelte mit den Herren der Welt, doch er blieb derjenige, der unerschrocken für die Emanzipation, für die Befreiung des Menschen durch den Menschen eintrat. Seine Waffe: nicht das Gewehr, sondern das Wort.

Wie er über die Emanzipation dachte, kann kaum schöner, kaum poetischer jener Stich aus seinem Andenbuch demonstrieren. Es zeigt die Reisegesellschaft am Quido-Pass. Zu jener Zeit war es üblich, dass sich weiße Herren tragen ließen, auf Stühlen, die auf die Rücken ihrer Diener geschnallt waren.

Humboldt lief lieber zu Fuß. Und er hielt die Szene fest, die schaukelnde Lastgesellschaft, die Träger, doch mittendrin einer, der aufrecht steht und dessen Stuhl, der ihm noch auf den Rücken geschnallt ist, leer ist.

Er schaut auf seinen Betrachter, auf Humboldt. Mit einem leichten Staunen. Er übt den aufrechten Gang. Und er lächelt. Es ist der freie Mensch, der aus Humboldts Werk grüßt, einer, der die Fesseln abwirft und etwas aus sich macht.

In den folgenden Jahrzehnten beschäftigt sich der Forscher mit der Auswertung dieser Reise, und er tut es in Paris, der damaligen Welthauptstadt, die die besten Illustratoren, Drucker, Wissenschaftler versammelt hatte.

Doch 1827 ruft der preußische König ihn zurück nach Berlin, um der neu gegründeten Akademie der Wissenschaften Glanz zu verleihen. Die Großen der Welt suchen seine Nähe und korrespondieren mit ihm, und der preußische König ist stolz auf seinen Wissenschaftsstar.

Humboldt wird zum Fixstern der Berliner Gesellschaft. »Sein Kommen und Gehen«, notiert der Journalist Gutzkow, »ist wie Posaunenklang. Er tritt auf wie Shakespear'sche Könige.«

Humboldt genießt die Bewunderung des Gebildeten. Die Mächtigen und die Gekrönten wollen wissen. Der Horizont hat sich geweitet durch Humboldt. Er berichtet, wie es in Kuba zugeht und wie im Regenwald und am Amazonas.

Humboldt beginnt eine Vorlesungsreihe, die den Berliner Wissenschaftsbetrieb regelrecht elektrisiert. Humboldt will das, was er erforscht und erlebt hat, buchstäblich unter die Leute bringen. Der Eintritt ist frei. Die Singakademie mit ihren achthundert Plätzen ist dem Ansturm nicht gewachsen.

Alle pilgern dorthin: Lehrer, Bäckermeister, Ladenmädchen, Laufburschen, Professoren, Adlige, Handwerker, eine große bunte demokratische Utopie der Wissensgemeinschaft. »Der Saal fasste nicht die Zuhörer, und die Zuhörerinnen fassten nicht den Vortrag«. Das sind so die Sottisen, die ein nie erlebtes derartiges Event begleiteten – Humboldt präsentierte Natur-Wissenschaft als hinreißendes Erlebnis.

Trotz seiner wissenschaftlichen Arbeiten, die

ihn die Nächte hindurch beschäftigen, ist sein Abenteurertum längst nicht ausgeglüht. Der russische Zar finanziert ihm einen lang gehegten Traum, eine Reise bis zum Ural. In weniger als sechs Monaten legte er rund fünfzehntausendfünfhundert Kilometer zurück, davon siebenhundertfünfzig auf Flüssen. Zwölftausendzweihundertvierundvierzig Postpferde waren dabei verschlissen worden. Ach ja, Alexander von Humboldt war zu jenem Zeitpunkt sechzig Jahre alt.

Seine Kondition und seine wissenschaftliche Ausdauer sind erstaunlich. In seinen späten Lebensjahren, hoch in den Achtzigern, können ihn die Berliner noch nachts um drei am erleuchteten Fenster des ockerfarbenen Hauses in der Oranienburgerstraße Nr. 61 sitzen sehen. Manuskripte auf seinem Schoß. Notizen kritzelte er auf seinen Fichtentisch. Wenn nichts mehr draufpasste, wurde er abgehobelt.

Der dritte Band des »Kosmos« war gerade erschienen, als er im Trauerzug hinter den Gefallenen der März-Revolution hinterherschritt und ihnen seinen Tribut zollte. Er stand im Solde eines reaktionären Königs, doch sein Herz schlug für die Emanzipation, die doch immer auch die der Wissenschaft war.

Er war ein Volksheld eigener Art, und selten hat die Menge ein so feines Gespür für die Zwangslagen eines so Großen gehabt. Die revoltierende Menge vor dem Schloss rief nach ihm. Er trat heraus und verneigte sich stumm.

In seinem »Kosmos« sah Humboldt einen universellen Bauplan, in dem das Ganze und der Mensch in steter Wechselwirkung stehen. Er hatte den Ehrgeiz, in allen Einzeldisziplinen das damals Beste aufzubieten: die Geologie genauso zu beherrschen wie die Botanik, die Zoologie, die Kosmologie, den Galvanismus, die Meteorologie, die Elektrophysiologie.

Er untersuchte die Atmung der Fische, die Beeren des Regenwaldes, die Meteoritenschauer über Mexiko. Was Humboldt in seinem »Kosmos« vorgeschwebt haben muss, war das Gedicht der Welt.

Was Humboldt in uns heute noch entzündet, ist die Poesie des Wissens. Ein beispielhaftes Leben, das man sich als geglücktes vorzustellen hat, und das vermochte, durchaus, andere Menschen zu berühren und Glück weiterzugeben.

Da ist diese Geschichte des jungen schönen Mädchens, das einen Pariser Frisiersalon betrat und seine schwarzen Haare zum Kauf anbot, verzweifelt, weil es die kranke Mutter mit dem Geld unterstützen musste. Der Friseur wollte ihr dafür statt der geforderten sechzig Franc nur zwanzig geben.

Da erhob sich ein alter weißhaariger Herr, erbat sich die Schere des Friseurs, und wählte vorsichtig ein einzelnes Haar, das er abschnitt. Und er drückte dem Mädchen zwei Geldscheine dafür in die Hand, die es erst später als zweihundert Franc identifizierte.

Von Alexander von Humboldt aber ist zu

vermuten, dass ihn von all den Zigtausenden Proben, die er in seinem Forscherleben aufgenommen hat, ob am Chimborazzo oder am Rio Negro, diese eine mit einem besonderen Glückgsgefühl erfüllt haben muss. Denn er war ein Menschenfreund.

Er erlebte die Vollendung des fünften Bandes des »Kosmos« nicht mehr. Er schlief ein, über der Arbeit, friedlich.

Hinter seinem Sarg formierte sich der Staat. Es war der imposanteste nichtmilitärische Trauerzug in der Geschichte Berlins. Königliche Kammerherren schritten zu Chopins Trauermarsch, gefolgt von Staatsministern, Standartencorps, Parlamentariern und Studenten.

Das Volk nahm Abschied von einem Abenteurer, einem Universalgelehrten, einem Weltbürger. Und einem guten Deutschen.

Und am Rio Negro sitzen zweihundert Jahre später katholische Padres aus Brasilien und Spanien mit ein paar Deutschen zusammen, und sie trinken Matetee und schauen in den Tropenregen hinaus und reden über Humboldt. Und sie reden darüber mit leuchtenden Augen.

Kann es eine schönere Hinterlassenschaft geben?

Der Indianerfreund

Geschichtenerzähler am Amazonas

Anthropologen leben ein großes Dilemma: Sie wollen den Wilden, den unberührten Stamm, um ihm die Geheimnisse vom Beginn der menschlichen Entwicklung abzulauschen – so weit zurück, dass manche von ihnen dort das Paradies vermuten. Doch bereits der erste Kontakt kontaminiert und verfälscht die Ergebnisse, ist, sozusagen, der Sündenfall. »Am besten, man lässt sie ganz in Ruhe«, meinte der Indianerfreund und Funai-Funktionär Sydney Possuelo.

Allerdings möchte jeder Anthropologe, der auf sich hält, diese heroische Selbstenthaltung nicht als Versager verkünden, sondern von der Höhe eines Entdeckertriumphes herab – genau so, wie es Possuelo tat, als er im Jahr zuvor Kontakt zu einer bisher völlig unbekannten Sippe der Corubo hergestellt hatte. »Mir klopfte das Herz bis in den Hals«, sagte der abgebrühte Waldläufer, als die Indiogruppe aus dem Wald trat. Der erste Blick! Welches Bild nehmen sie von uns auf? Und die Landschaft hinter diesen dunklen Augen, wie sieht sie aus?

Die Teilnehmer dieser Exkursion erzählen eine weitere, durchaus komische Geschichte: Wie sich auf jeder Corubo-Brustwarze drei Reporterkameras festsaugten, wie die sich gegenseitig anbrüllten, nicht »durchs Bild zu latschen«, um die grüne Wand jungfräulich und das Pastoral stimmig zu halten.

Der Treff diente einem noblen Zweck. Mit ihm sollte auf die Gefährdung des Stammes durch vorrückende Goldgräber aufmerksam gemacht werden. Nun gab es vorrückende Reporter und Anthropologen – man kann die Unschuld nicht genießen, ohne sie zu zerstören. Es gibt sie nur im Kopf. Kein Anthropologe ist ohne diese Verlusttrauer, ohne diese Melancholie, und sie hat sich auch tief in Renatos Gesicht geschrieben.

Renato Athias ist Sohn eines marokkanischen Juden und einer Portugiesin aus Santarém, und er kam nicht aus Liebe zu den Indios. Er wusste nicht mehr von ihnen, als dass es sie gab. Er musste untertauchen, denn als radikaler Studentenaktivist in den siebziger Jahren stand er auf der schwarzen Liste der Diktatur. Da hörte er, dass die Salesianer im Dschungel Portugiesischlehrer für ihre indianischen Gemeinden suchten. Ein ideales Versteck.

Er blieb. Er lebte lange Jahre ausgerechnet bei einem Hupdé-Clan der zwergwüchsigen Maku-Indianer, die in der Dschungelhackordnung die Allerletzten sind: nomadisierende Jäger draußen im Wald, ohne nennenswerten Ackerbau und besonders ohne Maniok. Die Tukano dagegen, Flussbewohner, haben Maniok.

Sie beschäftigen die Maku allenfalls als Gastarbeiter, zum Hüttenbau etwa, wenn sie ihre

Feste feiern, und kein Tukano käme je auf die Idee, sich eine Maku-Frau zu nehmen. Sie sind, ganz naturwüchsig, Ausländerhasser. »Für die sind die Maku keine Menschen«, sagt Renato. Damals entschied er sich, Maku zu sein und unter ihnen zu leben, ausgestoßen wie sie.

Mittlerweile ist Renato Professor in Recife, verheiratet, hat vier Kinder. Doch immer wieder kehrt er zu seinem Stamm zurück. In São Gabriel organisiert er den Gesundheitsdienst »Saúde Sem Límites« – Gesundheit ohne Grenzen, der mit EU-Geldern finanziert ist. Tuberkulose und alle möglichen Parasitenkrankheiten breiten sich aus, seit die Indios in der Nähe der Kirchen und Missionen im Dschungel sesshaft wurden. Früher zogen sie alle zwanzig Jahre weiter, in kleinen Gruppen, zu neuen Ufern. Nun bleiben sie in immer größeren Dörfern hängen, und die Flussläufe, an denen sie leben, sind zunehmend verseucht.

Dabei ist Renato kein dogmatischer Naturschützer. Mit einer Gruppe von Dessano hat er eine *maloca* gebaut, in der sie versuchen, mit indianischem Kunsthandwerk ein paar Centavos zu verdienen. Immer mal wieder schließen die Behörden solche Boutiquen, weil Federn von geschützten Vögeln verarbeitet werden. Renato schaut sich kurz um. »Soweit ich erkennen kann, sind wir im Moment ökologisch korrekt«, sagt er grinsend, »aber das ist Zufall.«

Er steht auf der Seite der Indianer, doch das birgt selbst in Indianerland überraschende Risiken. Kürzlich geriet er zwischen die Fronten zweier Clans, die sich mit bösem Zauber bekämpften. Der eine Clan verlor einen Mann, der andere zwei kleine Kinder, und dort war Renato gerade zu Besuch. »Plötzlich hatte ich Schmerzen in der Nierengegend«, sagt er. »Ich fiel in Ohnmacht.« Der Medizinmann zog ihm drei Steine aus der Bauchdecke, durch magisches Handauflegen, ohne die Haut zu verletzen. »Der *pagé*«, sagt Renato, tief überzeugt, »hat mich gerettet.«

Renatos Vater ist ein berühmter Doktor in Rio de Janeiro, er selbst ein respektierter Wissenschaftler – doch er hat den Mythenzauber des Amazonas in sich aufgenommen wie eine zweite Seele. In diesem Dämmerlicht, dieser Zwischenzone hat er sein Leben eingerichtet. Er hilft den Indios mit den Segnungen der Moderne, mit Medizin und Hygiene, und gleichzeitig erliegt er ihrer Magie und sammelt trauernd die Fragmente einer zerbrechenden Welt.

Er zeigt den Maku, wie ihre *malocas* einst aussahen, anhand von Fotos, die der deutsche Forscher Theodor Koch-Grünberg 1904 aufgenommen hat. Und einer von ihnen bat Renato, ihm die »Stimme seines Großvaters zu geben« – der Anthropologe hatte sie in den frühen achtziger Jahren aufgezeichnet. »Es ist Zeit, zurückzugeben«, sagt er. Und aufzuheben, was war.

An diesem Nachmittag besucht er seinen Freund Feliciano Lana, einen Tukano-Indianer. Er hat Papier und Farben für ihn, denn Feliciano illustriert für ein Buch die Mythen, die ihm der Clanälteste einst als Kind erzählt hat. Feliciano hat seine Hütte auf eine Anhöhe gleich neben dem Schlangenhügel gebaut. Von hier aus ist der Blick frei, den Fluss hinauf, bis er sich weit hinten im grünblauen Dunst des Dschungels verliert. Von da ist er vor fünf Jahren mit seinem Kanu herabgetrieben, um sich in São Gabriel niederzulassen. Warum? »Es war wegen der Kinder«, sagt er. »Sie sollen hier zur Schule gehen.«

Die Hütte enthält kaum mehr als ein Bettgestell, drei Obstkisten und einige hochgeknotete Hängematten. Ein Stapel mit Skizzen auf dem gestampften Boden – das Gedächtnis eines Volks, das seine Erinnerung verliert. Er ist katholisch, sagt Feliciano, aber seine Schöpfungsgeschichte ist eine andere als die der Priester, denn hier sind die Tukano das auserwählte Volk.

Felicianos Blätter haben die Deutlichkeit von Kinderzeichnungen. Sie leuchten im Dämmerlicht der Hütte und treiben im Strom seiner Erzählung wie Beschwörungen einer großen Vergangenheit: Am Anfang war die Frau, und aus dem Rauch einer Zigarre schuf sie den Gott Wank. Der wiederum erschuf die Menschenwesen, die im Bauch der himmlischen Anaconda vom Milchsee aus den Amazonas stromaufwärts schwammen, vorbei am heutigen Manaus, den Rio Negro hinauf bis zu den Stromschnellen des Uaupés bei Ipanoré.

Eine Entwicklungsreise, denn die Schlange setzt an den Ufern des Flusses immer wieder Gruppen von Passagieren aus, und jedes Langhaus, das auf dieser Reise passiert wird, ist ein Schritt hinauf zu einer höheren Seinsstufe. Die Weißen werden ziemlich früh bereits im Osten abgesetzt. Dann die Maku und die Arawak. Die letzten Wesen, die die Schlange verlassen, sind die Tukano – die Krone der Schöpfung, die Herrenrasse.

Einige von Felicianos Geschichten erinnern an den christlichen Kosmos, etwa wenn die ersten Menschen von einem Samen essen, der vom Himmel fällt, und wenn später der große Strafregen über sie hereinbricht, den sie in einem ausgehöhlten Baum überdauern. Andere sind von delirierender, fremder Erotik:

»Die ersten Frauen hatten keine Vagina«, sagt Feliciano. Auf dem Blatt, an dem er gerade arbeitet, sitzt eine Frau mit gespreizten Schenkeln über einem Blutstrom, denn ihr ist gerade erst das Geschlecht eingeschnitten worden. Später wird sich das Blut in einen roten Nebel verwandeln und die ersten Rauschvisionen des heiligen Getränks *capí* hervorbringen, das von den Weißen, noch viel später, *Santo Daime* genannt wird.

Keine Mythologie, die die feministische Zensur überstehen würde: Da ist Inamu, das göttliche, bemalte Kind, aus dessen Poren Musik dringt. Es steigt vom Himmel herab und bringt den Menschen die Zauberflöte, und die ist bis heute Männersache – wenn sie auf Zeremonien geblasen wird, darf keine Frau sie erblicken, bei Strafe des Todes.

Die jüdisch-christliche Genesis hält sich nicht lange mit der Erschaffung der Natur auf. Die ist ein eher lässig skizzierter Masterplan – »die Erde bringe hervor lebendiges Getier« –, um sich sehr ausgiebig mit dem Sündenfall zu beschäftigen. Die Tukano dagegen halten es umgekehrt: Wie das Maniok in die Welt gekommen ist, die Zigarre, der Piriquiri-Vogel, das sind phantastisch ausschweifende Legenden, während die Sünde hier nur als Schicksal vorkommt.

Immer wieder schaut Feliciano, während er erzählt, hinüber zu Renato, als ob er die Geschichte mit ihm gemeinsam erzählen wollte, und der macht Einwürfe, ergänzt und lehnt sich hinüber in die Mythenwelt des Indios, als wolle er die Seiten wechseln. »So war es doch, oder?« Und Renato nickt. »So war es.«

In diesen Momenten erinnert Renato an den jungen Juden Saúl in Vargas Llosas Amazonas-Roman »Der Geschichtenerzähler«, der irgendwann Ernst macht und für immer im Dschungel verschwindet, wo er, als mysteriöser Waldgänger, von Clan zu Clan wandert. Er »kennt sie bis in ihr Inneres«, kennt alle ihre Geheimnisse, und er unterhält sie mit ihren eigenen Geschichten und Legenden.

Vorher, draußen in der Welt, vertraut der Geschichtenerzähler seinen Freunden an, sei er nur eine Hülle gewesen, einer »dessen Seele aus der höchsten Stelle des Kopfes entschlüpft ist«.

Was er gelernt hat bei den Maku? »Vieles, über mich selbst«, sagt Renato Athias. Die Jahre bei den Indios seien eine Meditation über die eigene Identität gewesen, das eigene Außenseitertum, die Zugehörigkeit zu einem Volk, das verfolgt und zerrieben und ermordet wurde. Was das heißt? »Zum Beispiel, dass ich Jude bin«, sagt er. »Das wurde mir erst hier klar.«

Die Götter vom Schwarzen Fluss

Reise zum Stamme der Tukanos

»Ich habe keine Ahnung, was ich mit ihnen anfangen soll«, sagt Henrique Veloso Vaz. Schon seit Tagen kampieren die zehn Yanomami hinter seinem Funai-Büro, einer wetterschiefen Holzbaracke, deren einziger Schmuck ein altes Poster ist, das vor Aids warnt. Sie sind aus dem Norden gekommen, mit ein paar Säcken Maniok, um sie gegen Haken und Kleider und Streichhölzer einzutauschen. »Beim Sonnenaufgang singt der *pagé* seine Gebete, und dann verschwindet er in irgendeiner Kneipe.« Man bräuchte dringend eine Schlafbaracke für all die Indianer, die in die Stadt strömen. Aber das Geld fehlt.

Ein trüber Morgen. Der Himmel hängt wie ein toter Tierbauch über dem Fluss. Im Brackwasser am Hafen sucht eine Ziege, knallrot bepinselt mit der Listennummer eines Kandidaten, nach Obstabfällen. Zwei Benzinfässer werden verladen, ein Bündel Bananen, Trinkwasser, dann zieht der Mann am Ruder das flache Schnellboot den Fluss hinauf, in weiten Schleifen, um den tückischen Stromschnellen auszuweichen.

Es ist gut, den Funai-Beamten an Bord zu haben – manche Indiostämme haben Kidnapping als Erwerbszweig entdeckt. In Roraima tauschen Yanomami mittlerweile die Schürfrechte auf ihrem Land gegen Waffen, und die Kayapó in Maranhão haben jüngst fünfzehn Touristen gefangen genommen.

Doch noch ist der Oberlauf des Rio Negro ruhig. Hier könnte es allenfalls flussaufwärts, an der kolumbianischen Grenze, Probleme geben. Die Farc-Terroristen sollen bereits sechshundert Indios rekrutiert haben – der Drogenschmuggel ist lukrativ. Das 5. Bataillon fährt seine Einsätze und brennt die Kokapflanzungen der Maku nieder. »Drogen«, sagt Henrique, »sind auch in São Gabriel schon ein Problem, besonders bei den Kids.« Er kennt sich aus – er war Lehrer, bevor er den Job bei der Funai übernahm.

Nach einiger Zeit öffnet sich der Rio Negro für den Zufluss des reißenden Uaupés, und auf der vorgeschobenen Landzunge im Strom steht eine kleine Salesianerkirche, ein mittlerweile baufälliger, verwaister Brückenkopf im Kampf gegen das nackte Heidentum. Gegen das vor allem: Die ersten Brandpredigten der Missionare galten den kollektiven Wohnhäusern der Indios, den *malocas*, die sie als Einladung zur Unzucht verdammten. So hat die Christianisierung vorwiegend den Bau von Einfamilienhäusern mächtig angekurbelt.

»Der obere Rio Negro ist mittlerweile evangelisiert«, brüllt Henrique in den Motorenlärm, »hier ist noch alles fest in katholischer Hand.« Aber die Sitten sind offenbar lockerer geworden – auf einer Anhöhe steht eine lang gezogene *ma-*

loca, in der sich die Sippen der Umgebung zu ihren *dabucurís* treffen, den Zeremonien und Gelagen, die sich oft tagelang hinziehen.

Auf der rechten Flussseite tauchen Hügel auf und auf der nackten Flanke eines Felsens die Zeichnung eines Vogels. »Sie wechselt alle paar Tage«, sagt der Bootsführer. »Und ich habe nie jemanden dort gesehen.« Für ihn ist klar, dass es sich um Abwehrzauber eines mächtigen *pagés* handelt, der für so was noch nicht einmal von der Matte aufstehen muss. Jeder Hügel, man nennt sie Hütte des Teufels oder Schlangenhügel, hat seine eigenen Legenden.

Es sind nur noch ein paar Kilometer zu jenen Stromschnellen, an denen die Tukano von der himmlischen Anaconda abgesetzt wurden, als die grüne Wand erneut aufbricht und den Blick freigibt auf ein paar Hütten, ein Kreuz. Ein Dutzend Tukano stehen schweigend auf der Uferböschung und beobachten, wie das Boot am kleinen Anleger vertäut wird. Längst ist der Himmel aufgerissen, die Sonne steht hoch, und über der Wiese vor dem Kreuz tanzt ein Schwarm zitronengelber Falter.

Offenbar hat Padre Paulo seine Nachricht doch noch absetzen können, denn wir werden erwartet. In der Versammlungs-*Maloca* stehen klobige Schalen mit *chibo*, einer Mischung aus Maniok und Wasser, und daneben liegen ein paar geräucherte Tukunaré-Fische. Einige der Männer haben sich am Tag zuvor in die Stadt aufgemacht, um zu wählen – was das Schnellboot an einem Tag schafft, dazu braucht ein Kanu eine knappe Woche.

»Jahrelang ist es ruhig, aber vor den Wahlen bricht der Reiseverkehr los«, sagt der *pagé*. »Dann kommt sogar der Bürgermeister.«

Seine Hüttenwand hinter der Feuerstelle hat der *pagé* mit Bildern einer Kinderbibel tapeziert, die ihm der Priester einst geschenkt hat: die Mauern von Jericho, Joseph in Ägypten, der Auszug der Israeliten ins Gelobte Land. Ihm haben die Bilder gefallen, sagt der Mann in kehligem Nheengatu. »Es hat lang gedauert, bis sie da waren, wo sie hinwollten.« Ob das auch für die Tukano gilt? Nun, die Sippe ist vor zwei Jahrzehnten vom Tikiri-Fluss hierher gezogen. Der Boden ist einigermaßen, es gibt Fische, was soll er sagen? Was der Grund für den Aufbruch war? »Wir haben Teresa gestohlen.« Teresa lacht und zeigt drei Zähne. Sie stammt aus einer Dessano-Sippe, und mittlerweile hat sie drei Enkel.

Der junge Kazike führt uns auf einem schmalen Pfad in den Dschungel. Er balanciert über Baumstämme, die über einen Sumpf gelegt sind, und zeigt uns sein Feld, auf dem er Ananas zieht und Maniok und Zuckerrohr. Jede Familie brennt ihr eigenes Stück in den Wald. Es wird zweimal abgeerntet, dann kann es sich vier Jahre lang erholen, bevor man es erneut rodet. »Selbstverständlich mit Feuer – es ist einfach die wirksamste Methode.«

Die Tukano sind freundliche Gastgeber, aber sie wirken angespannt. Eher geistesabwesend antwortet der *pagé* auf all die Reporterfragen nach der Geschichte der Sippe, nach den wirksamsten Zeremonien gegen Krankheiten, nach katholischen Glaubensvorstellungen und denen ihrer Ahnen. Und dann bricht es aus ihm heraus. Man hätte da ein Anliegen. Er stottert. Henrique ermuntert ihn. Nun, die Sippe wolle die Deutschen fragen, ob sie etwas für sie besorgen könnten. Nämlich?

»Einen Fernseher!«

Sie müssten immer zu einer *maloca* ein paar Stunden stromaufwärts paddeln, um ihre Lieblings-Soap-Opera anzuschauen, mit all den schönen Stars, deren Namen sie mittlerweile besser kennen als die ihrer Götter. Die Tukano dort haben einen, und der ist durchaus gemeinschaftsstiftend, denn das Benzin für den Generator wird mit gemeinschaftlichen Maniok-Anbau erlöst.

Böse Moderne! Vargas Llosas Geschichtenerzähler, der Mythenproduzent, der von Sippe zu Sippe zieht – er ist sesshaft geworden. Er hat sich in eine Maschine verwandelt, zu der sich nun umgekehrt die Indios in Bewegung setzen.

Der grüne Sieg im Amazonas, er zerrinnt zwischen den Fingern! Es gibt sie einfach nicht, die Unschuld; das gelobte Land, auf Erden ist es nicht zu finden. Was es gibt, sind die Geschichten. Und unsere unstillbare Sehnsucht nach dem Paradies.

Auge um Auge

Ein kleiner Kutter bringt Gerechtigkeit in den Dschungel

Gott ist überall in diesem ewiggrünen Schöpfungsmorgen. Besonders aber ist er auf den Booten hier im Amazonas-Delta, den kleinen Frachtern, die im Strom treiben, und den Fischerkähnen vor den Pfahlsiedlungen, die unvermutet aus der wuchernden Uferwildnis auftauchen. Sie tragen Namen wie Stoßgebete. Sie heißen »Herr sei mit uns« oder »Barmherziger Jesus hilf«. Litaneien auf Bordwänden. Wo der höchste Richter so inbrünstig herbeigefleht wird, sind die Menschen entweder sehr fromm – oder sehr ohnmächtig.

Da ist die »Almirante do Brasil«, die den Canal Norte abwärtstuckert, aus profanerem Holz. Sicher, auch sie hat einen Heiligen, den eine ungeübte Hand einst an die blätternde Kajütenwand des Oberdecks gepinselt hat, aber selbst der Kapitän weiß nicht mehr, wer da eigentlich beschworen werden sollte.

Schönheitspreise wird sie nicht mehr einfahren. Der Fernseher, der über dem Heiligenschein angeschraubt ist, hat längst den Geist aufgegeben, und der Schiffskoch unter Deck kann den Motor, eine unberechenbare Höllenmaschine, selbst beim Kartoffelschälen nicht aus den Augen lassen. Zwei Bänke, ein paar Hängematten, ein Tisch, sonst nichts. Kein Zweifel: Die Almirante hat bessere Tage gesehen.

Doch für Ademar de Jesus, den Halbindianer, ist ihr Anblick die Offenbarung. Schon als sie in der Flussbiegung auftaucht, lässt er seinen Einbaum zu Wasser. Er wartet reglos, bis der Schoner Anker wirft. Dann paddelt er, mit kräftigen Stößen, hinüber. Er ist nicht der einzige. Zahllose Boote lösen sich aus den Schatten des grünen Ufersaums. Die Almirante wird heiß erwartet. Sie bringt nicht das Himmelreich, aber sie bringt – Gerechtigkeit!

Sie ist ein »Juizo Fluvial«, ein schwimmender Gerichtshof mit Richter, Staatsanwalt, Verteidiger, dazu Assistenten, Sozialarbeitern, Beurkundungsbeamten, dem ganzen Apparat also, der sonst nur reichen Städtern zur Verfügung steht – Justitias ambulante Notstation im Regenwald, in einem malariaverseuchten Nebenarm des Amazonas.

Ademar vertäut seinen Einbaum am Bootsheck und schwingt sich an den Latten der Außenwand aufs Oberdeck. Er trägt sein bestes Hemd, das schwarzrote Trikot von FC Flamengo mit der Nummer 11 von Fußballgott Romario. Romario kickt zwar längst in einem anderen Verein, aber das Unrecht, das Ademar erlitten hat, liegt auch schon eine Weile zurück.

Heute, endlich, wird er siegen. Heute hat er »das Gefühl, wieder ein Mensch zu sein«. Er tritt vor den festgeschraubten Tisch, an dem der junge Richter sitzt und trägt seine Sache vor.

Ademar lebt mit seinen Söhnen von dem, was der Wald hergibt. Von Acaii-Beeren und Palmenherzen, die er an Händler verkauft. Er hatte seine Ruhe – bis zu dem Tag, als die Rinder des reichen Nachbarn seine Pflanzung verwüsteten. Er zählt auf: »Fünfhundert Bananenstauden, zehn Gaviola-Bäume, fünfzig Zuckerrohrstauden, zwölf Caja-Bäume.«

Als er den *fazendero*, Manuel Marquez Vaz, zur Rede stellte und Schadenersatz verlangte, wurde er von ihm ausgelacht. »Geh zum Bischof«, sagte der lässig, eine Redensart aus der Kolonialzeit: Dir hilft keiner hier draußen.

Hier draußen ist der Katholizismus, was er nach dem großen brasilianischen Soziologen Gilberto Freire schon immer war: »Desinfizierungskammer des öffentlichen moralischen Gesundheitsamtes, eine Quarantänestation der Seelen« – und ein Misstrauensantrag an jede weltliche Instanz.

Aber was macht man mit denen, die sich nicht an die Zehn Gebote halten? Manchmal möchte man doch schon im Diesseits Recht bekommen!

Fabio, der junge Richter, wirkt im Gewimmel an Bord wie ein junger idealistischer Arzt in der Notaufnahme. Sie brauchen alles, sagt er mit einem Blick auf seine zerlumpte Klientel. Schulen, Medikamente, Maschinen, Saatgut. »Doch am dringendsten brauchen sie das Recht.«

Er klingt pathetisch, doch das liegt in der Natur der Sache: Das Recht ist der Beginn der

Aufklärung, der Anfang jeder Zivilisation, ist Entwicklungshilfe der elementarsten Art. Fabio hat in São Paulo studiert, hat die Discos genossen, die Sambas, die Siege seines Fußballvereins. Und nun? Wird er gebraucht!

Fabios Idealismus leuchtet auf besondere Weise, denn die brasilianische Justiz gilt als eine der schlechtesten und korruptesten der Welt. Der Regenwald ist gesetzlos. Doch der Rest des Landes ist es erst recht.

»Brasilien«, so kommentierte das Nachrichtenmagazin *Veja*, »ist das Land der Straflosigkeit.« Urteilsfindungen werden notorisch verschleppt. Ein Arbeitsgerichtsprozess kann gute zehn Jahre dauern. Nach den Entrechtungen der Diktatur hat das brasilianische Gesetzbuch unzählige Einspruchsmöglichkeiten geschaffen, ein Umstand, den sich heute vorwiegend Konzerne zunutze machen, wenn sie sich um Steuerzahlungen drücken wollen.

Brasilianische Justiz ist eine der Eliten. Verurteilt werden in der Regel nur die, die sich keinen Anwalt leisten können – sie stellen achtundneunzig Prozent der Gefängnispopulation. Wer Geld hat, kommt davon. Fußballstar Edmundo, der bei einem Autounfall drei Menschen getötet hat, kickt unbehelligt weiter – gerade hat er erneut Berufung gegen seine Gefängnisstrafe eingelegt.

Und während sein Vereinskollege Romario mit seinen unbegrenzten Mitteln die Justizmaschine zum Schnurren bringt und innerhalb von drei Monaten seine Millionenscheidung über

die Bühne bringen kann, muss die Hausange-
stellte von nebenan über ein Jahr prozessieren,
um an ihre Witwenrente von fünfundvierzig Euro zu kommen.

Der Mord an einem Richter, der im letzten
Jahr vor dem Senat gegen korrupte Kollegen aus-
sagte, hat jetzt eine Untersuchungskommission
ins Leben gerufen. Von einer »dramatischen Jus-
tizkrise« spricht Kommissionsmitglied Aloysio
Nunes Ferreira: »Wir müssen dafür sorgen, dass
die Justiz wieder ernst genommen wird.« Ein erster Anfang wäre, dass die Justiz sich selbst wieder ernst nimmt, sich und ihren Auftrag.

Ausgerechnet im entlegenen Regenwald an
der Grenze zu Guyana wird dieser Anfang gemacht, in Amapa, das als eigener Bundesstaat
erst seit zehn Jahren existiert. Die Attraktion der
Hauptstadt ist ein Fußballfeld, dessen Mittel-
linie genau auf dem Äquator verläuft. Hier, in
Macapa, tritt die Nordhalbkugel der Erde gegen
die Südhälfte an – und das codifizierte Recht gegen die Anarchie der Tropen.

»Unsere Richter sitzen nicht im Elfenbein-
turm«, meint Gerichtspräsident Luiz Carlos Go-
mes dos Santos. »Sie lösen Lebensprobleme dort,
wo sie auftauchen.« In Macapa gibt es eine Not-
rufnummer für Schnellrichter bei Verkehrsunfäl-
len – innerhalb von zwanzig Minuten sind sie
zur Stelle und entscheiden Streitigkeiten vor Ort.

Dos Santos' Rekrutierungsprogramm an den
juristischen Fakultäten der Nation zeigt Erfolge.
In Amapa kommt ein Richter auf zehntausend

Einwohner. Damit ist die juristische Grundversorgung dreimal so gut wie im Rest des Landes. Hier ist Justiz, was sie nie zuvor in der brasilianischen Geschichte war: eine effiziente, bürgernahe Eingreiftruppe, die zumindest in Streitfällen bis zu fünfzehnhundert Euro schnell entscheidet. Vor allem aber ist sie nicht nur für die Reichen da.

Die Klientel, die während der einwöchigen Tour der Almirante die Bordwand erklimmt, würde kaum ein Anwalt in sein Vorzimmer lassen, die jungen Mütter, die ihre Kinder säugen, die Alten mit zerrissenen Hemden, alle barfüßig, Analphabeten die meisten.

Allerdings ist das Auge des Gesetzes auch nicht gerade fernsehreif. Eine Zirkustruppe sieht würdevoller aus. Richter Fabio hat nach drei Nächten in der Hängematte längst auf seine lange Leinenhose verzichtet. Nun trägt er Shorts und Badelatschen. In den Verhandlungspausen büffelt er Spezialrecht – an der »Escola da Magistratura« in der Hauptstadt bildet er weitere junge Richter aus.

Die schöne Staatsanwältin Alessandra in ihrem Calvin-Klein-T-Shirt liest Liebesschmöker und hört Celine Dion im Walkman. Ihre Assistentin Zara dagegen hat aufgehört, zu schmachten. Sie hat gerade eine unglückliche Affäre hinter sich gebracht. Nun bearbeitet sie einen Wälzer über die »Geschichte der brasilianischen Frauenbewegung« mit dicken, wütenden Unterstreichungen und schwört Rache: »Ich werde jedem Kerl in Zukunft die Eier abreißen.«

Juarez, der Pflichtverteidiger, spielt Domino mit Tiago von der Umweltbehörde und lässt seine Rolex-Imitation blitzen. Natürlich träumt er vom großen Auftritt, vom glänzenden Sieg in einem aussichtlos erscheinenden Prozess. Hier kann er seine Klasse zunächst nur intern unter Beweis stellen – in einem brillanten Kreuzverhör während des Frühstücks überführt er den Schnarcher der vergangenen Nacht.

Amapas juristische Elite von morgen. Sie stellt nicht das jüngste Gericht, sondern ein junges. Sie ist unerfahren, sicher, aber auch unkorrumpiert. Während sich das dickverdienende Justiz-Establishment in Brasília mit Streikdrohungen gerade eine obszöne »Wohngelderhöhung« von rund achtzehnhundert Euro erpresst hat – gleichzeitig diskutiert das Land eine Anhebung der Mindestlöhne auf neunzig Euro –, sind die jungen Juristen an Bord im Basiseinsatz.

Hier, auf dem Schiff, geht es um elementare Dinge wie um Registrierungen. Kaum einer der Flussbewohner hat Papiere, doch ohne sie gibt es weder Gesundheitsfürsorge noch die bescheidene Mindestrente, und so tritt die alte Nazaree, spät im Leben, vor den Richtertisch. Sie ist mit ihrem erwachsenen Sohn erschienen, der ihre Identität bezeugen soll. Wie alt er ist? »Wie soll ich das wissen«, sagt sie. »Ich weiß ja noch nicht mal, wie alt ich selber bin.«

Ein anderer, Goncalvez, hat eine jener Geburtsurkunden, die durchreisende Lokalpolitiker in Wahlkampfzeiten zu Dutzenden zu verteilen pflegen, um registrierte Wähler zu gewinnen. Das Problem: Fernandos Papiere weisen ihn als Maria aus. »Zur Frau geworden?«, lächelt Fabio. »Na, heutzutage ist ja alles möglich.« Dann setzt er seine Unterschrift unter die neue, gültige Registrierung, Goncalves quittiert mit seinem Daumenabdruck.

Am Nachmittag traut der Richter Luiza und Roberto, das vierte Hochzeitspaar in Folge. Mit Schwung und Feuer hält er seine Standardrede und gemahnt die beiden, dass eine Ehe nicht nur »Sinneslust und Wonne bedeutet, sondern auch Pflichten und vor allem Treue«.

Die beiden nicken ernst. Und ein wenig irritiert. Sie sind weit über sechzig und leben schon seit Jahrzehnten zusammen. Nicht nur Lust also, doch wie jede Eheschließung hat auch diese ihren Zauber, und selbst Staatsanwältin Alessandra verlässt für Momente ihren Schmöker, der im kühlen, schneereichen Montana spielt, und schaut schimmernden Auges auf.

Ademar de Jesus ist mittlerweile in dunkles Brüten verfallen. Sein Prozessgegner ist nicht erschienen. Wieder nicht. Sollte der *fazendero* tatsächlich davonkommen?

Jeder andere brasilianische Richter hätte schulterzuckend eine erneute Vertagung anberaumt. Nicht hier. Hier besteigt Assistentin Maria Jose mit einer Vorladung das Schnellboot. Dann jagt sie, gemeinsam mit dem Militärpolizisten Balieiro, den Fluss hinauf.

Adressenangaben im Regenwald sind eher

vage. Vier oder fünf Flussbiegungen, linke oder rechte Seite? Sie müssen zweimal anlegen und nachfragen. Und beide Male werden sie von den Pfahlbauern am Ufer beschenkt – keiner kann den *fazendero* leiden. Kürbisse, Paranüsse, Palmenherzen wandern ins Boot, und jede Menge guter Wünsche für Ademar.

Die *fazenda* ist schon von weitem an der großen Parabolantenne zu erkennen, ein zweistöckiger Pfahlbau, die Rinder liegen wiederkäuend dahinter auf einer Weide. Manuel ist nicht da. Dafür zwei angekettete Schäferhunde, die der Polizist mit einem Paddel in Schach hält. »Weit kann er nicht sein«, meint er, »sonst würde das da nicht vor der Tür stehen.«

Das da: ein Fahrrad! Der Polizist starrt darauf wie auf ein Raumschiff. Das ist echter Luxus! Es kann nichts Sinnloseres, nichts Verschwenderischeres, ja: nichts Hochmütigeres geben als ein Rennrad in den Ufersümpfen des Amazonas.

Die beiden warten bis in die Dämmerung hinein. Schließlich gibt Maria Jose auf. »Wir machen Hackfleisch aus dir«, ruft sie hinüber in den verblassenden, tintigen Palmenwald am Rande der Lichtung. Nun hat der *fazendero* nicht nur Ademar verhöhnt, sondern auch sie. Und das nimmt sie persönlich. Vor allem zwingt er sie, im Mondlicht zur Almirante zurückzufinden, und nachts ist der Strom gefährlich, weil treibende Baumstämme kaum zu erkennen sind.

An Bord der Almirante macht Fabio kurzen

Prozess. Der *fazendero* Manuel wird in Abwesenheit zur vollen Höhe des von Ademar berechneten Schadens verurteilt. Rund dreihundertfünfzig Euro. »Das sind mindestens zwei Rinder.« »Oder ein Fahrrad«, sagt Maria Jose grimmig.

Das Urteil wird in den Laptop getippt, ausgedruckt, mit Stempeln versehen und Ademar in die Hand gedrückt. Er lächelt. Ja, es gibt einen Gott, doch wie schön ist Gerechtigkeit schon im Diesseits, gerade hier, im verdammten Dschungel.

Urteilsvollstreckungen werden ernst genommen vom »Juizado Fluvial« – am Vortag hatte Maria Jose bei einem Palmenherzfabrikanten, der einen Lohn schuldig geblieben war, ihren Kuckuck geklebt. Doch das alles heißt nicht, dass nicht auch die irdische Gerechtigkeit bisweilen ihre Grenzen hätte.

Am frühen Morgen, während die ersten Sonnenstrahlen die violetten Nebel über dem Fluss zerreißen und Schwärme kleiner Piriquitu-Papageien kreischend aus den Baumkronen aufsteigen, legt die Almirante an der Polizeistation Juerazinho an – zehn Pfahlbauten, eine kleine Wache, eine Zelle.

Locadi Santana ist des Mordversuchs an seinem Bruder Fernando angeklagt. Der Polizist übergibt Maria Jose ein 36-mm-Gewehr, eine Machete – Beweismittel aus einem Familienstreit, in dem Hass, Neid und Rachsucht ineinander verwoben sind, archaisch wie ein Kapitel aus dem Alten Testament.

Fernando, der Ältere, will eine Schuld bei seinem Bruder eintreiben. Als er ihn in seiner Hütte nicht vorfindet, lärmt er, dass er ihn umbringen werde. Locadi, der hinter dem Pfahlbau gekauert hat, läuft in den Wald und lauert seinem Bruder auf. In einer mondlosen Nacht kommt es zum Showdown. Keine Zeugen. »Da waren nur wir beide«, sagt Leocadi düster vor dem Richtertisch. »Wir beide und Gott.«

»Ich habe ihn angefleht um mein Leben«, ruft Fernando. Hasserfüllt wendet er sich an seinen Bruder: »Ich habe zwölf Kinder zu versorgen und du nur fünf.« Nur durch einen Sprung in den Fluss habe er sich schließlich retten können. Leocido fährt auf. »Wenn ich nicht geschossen hätte, hätte er mich mit seiner Machete kaltgemacht.«

Es ist früher Nachmittag, als der Prozess beginnt. Das Dorf schaut vom Anleger aus zu. Kinder hängen an den Latten der Bordwand. Das hier ist besser als Fernsehen.

Fernando, ein gedrungener krausköpfiger Bulle, trägt ein fleckiges T-Shirt der Jugendolympiade von 1998, doch ein Unschuldslamm ist er sicher nicht. Er hat bereits vierzehn Jahre wegen Mordes gesessen – Drohungen, die er ausstößt, sind durchaus ernst zu nehmen. Ihm gegenüber Leocadi, der Angeklagte, ein nervöses Wiesel, ein Verlierer wie Al Pacino in »Hundstage«. Er trägt ein altes Wahlkampf-Käppi mit der Telefonnummer eines Abgeordneten.

Pflichtverteidiger Juarez läuft kettenrauchend

auf und ab. Er muss den Mordversuch vom Tisch bringen. Das hier ist zwar nicht der O.-J.-Simpson-Prozess, aber Publikum ist Publikum. »Du wolltest ihn doch nicht töten, nicht wahr!«, ruft er seinem Klienten zu. »Doch«, protestiert der, gekränkt in seiner Mannesehre. »Nein, wolltest du nicht«, insistiert der Anwalt. Jetzt versteht Locadi. »Nein? Na gut, dann eben nicht.«

Was er seinem Bruder schulde? In einer langen Verhandlungspause wird der Krempel herbeigeschafft: ein Fischernetz, ein Reifenstück, um Wasser zu schöpfen, sowie als Hauptsache ein Kassettengerät im Neuwert von dreißig Euro. Um so etwas wird gemordet? Nein, die Geschichte zeigt: Kriege entbrennen über so etwas!

Die Brüder sind nicht die einzigen, die sich an diesem Tag hasserfüllt gegenüberstehen. Ein endloser Strom von Klägern tritt vor den Richtertisch. Landstreitigkeiten, Rufmord, Scheidungen, Sorgerechtsvergaben. Der Regenwald ist nicht unschuldiger als die Stadt – und manchmal eine ganze Ecke wahnsinniger. Einer möchte seine verstorbene Tochter exhumieren und umbetten lassen. Sie sei ihm im Traum erschienen und habe ihm gesagt, dass sie sich dort, wo sie liege, nicht wohl fühle. Juarez redet ihm die Sache aus.

Längst ist es Nacht, längst haben sich die Moskitoschwärme über Schuldige und Unschuldige gleichermaßen hergemacht, als Fabio die Brudersache weiterverhandelt. Er versucht zu schlichten. Er appelliert: »Bedenkt doch, ihr habt die gleiche Mutter und den gleichen Vater.« Er prallt damit ab. »Der Vater ist nicht der gleiche«, korrigiert Fernando störrisch.

Irgendwann spricht der Richter sein Urteil: Locadi wird seinem Bruder die Schuld zurückzahlen. Darüber hinaus darf er zwei Jahre lang keine Kneipe mehr betreten. Und wegen der Körperverletzung wird er zweiunddreißig Stunden unentgeltlich in einer kommunalen Einrichtung arbeiten. »Geht euch in Zukunft aus dem Wege«, mahnt er.

Gegen den sozialen Arbeitseinsatz protestieren Ankläger und Angeklagter gleichermaßen. Verteidiger Juarez: »Wie soll mein Klient den Schaden ersetzen, wenn er kein Geld verdienen kann?« Doch die Staatsanwältin bleibt hart. Sozialeinsatz, so steht es in den Vorschriften. »Prima«, zischt der Verteidiger. »«Du wirst es weit bringen, Mädchen, du kennst die Vorschriften.«

Als einer der letzten verlässt Fernando in dieser Nacht das Gerichtsschiff. Düster und reglos hat er auf die Flut gewartet, um sein Boot klarzumachen. »Ich habe für alles bezahlt in meinem Leben«, knirscht er. »Auch mein Bruder wird bezahlen.« Was das bedeutet? »Auge um Auge«, sagt er. Dann schwingt er sich über die Reling. Kurz darauf treibt er stromabwärts, eine dunkle Silhouette im Mondlicht auf dem Fluss.

Der Regen, der noch in der Nacht einsetzt und am nächsten Morgen den Flusslauf anschwellen lässt, ist nicht von der Art, der alle Schuld fortwaschen würde. Es ist ein warmer, stickiger Regen, der auf die Anlegerplanken prasselt und die Menschen an den Ufern in ihren Hütten gefangen hält, ein Regen, der Keime ausbrütet und Racheplänen Nahrung gibt, eine dampfende Wand, die undurchdringlich bleibt für das Licht der Aufklärung, für Vernunft und Gesetz.

Doch hier, im äußersten Norden des Landes, wird das Recht nicht kapitulieren. Offizier Adernaldo vom »Batalhao Ambiente« besteigt sein Schnellboot und begibt sich auf Patrouille. Der Motor pflügt durchs Schlammwasser und wirft giftige Blasen, der Regen peitscht waagrecht ins Gesicht, und im Heck steht unbewegt Adernaldo, das Halbblut, eine Hand auf der Waffe, die andere am Ruder des Außenbordmotors.

Er manövriert waghalsig. Er weicht treibenden Baumstämmen und schwimmenden Teppichen aus Schlingpflanzen aus. Seine Augen suchen die Ufer ab – nach Wilderern, die Wasserschweine schießen, nach illegal geschlagenen Lichtungen, nach Schmugglern. Nach anderthalb Stunden Fahrt, durchnässt bis ins Mark, legt er am Steg einer Pfahlbausiedlung an, in der es öfter Ärger gibt, Saufgelage, Streit, Schießereien. Eine trostlose Reihe von schiefen Hütten und ein Name wie aus dem Gelobten Land: Palestina.

Gottes gelobtes Land? »Das hier ist das verdammte Ende der Welt«, sagt Adernaldo. »Und darum müssen wir uns schon selber kümmern.«